Dein Gott *oder* **mein Gott?**

von Peter Loibl

Von **Peter Loibl**
sind bislang folgende Titel im
Drei Eichen Verlag, (www.drei-eichen.de)
erschienen (Stand: Winter 2013/14):

DER KLINGELTON GOTTES

Novelle einer Erkenntnisreise
ISBN 978-3-7699-0622-6

DER *letzte* RELIGIONSSTIFTER

Novelle einer Einweihung
ISBN 978-3-7699-0638-7

DEIN GOTT *oder* MEIN GOTT?

Kai und Ali im Dialog über Gott und Allah
Eine religionsübergreifende Erzählung
von Jugendlichen zweier Religionen
ISBN 978-3-7699-0650-9

Weitere Infos zum Verlag finden Sie unter

www.drei-eichen.de (Homepage)
www.manuel-kissener.de (Blog)
www.religion-der-wortlosigkeit.de (Blog)
www.facebook.de/DreiEichenVerlag (Facebook)

Peter Loibl

Dein Gott *oder* mein Gott?

Kai und Ali im Dialog über Gott und Allah

DREI EICHEN VERLAG

ISBN 978-3-7699-0650-9
Verlagsnummer: 10650

1. Auflage 2014
Satz: Drei Eichen Verlag, Hammelburg
Gesetzt aus der Times (12')
Umschlaggestaltung: Manuel-V. Kissener, Hammelburg

Inhalt:

Der Gedanke, dass es keinen Gott geben könnte,
wäre ohne unser Vorstellungsvermögen nicht möglich.
Diese [unsere] geistige Kraft basiert auf Bewusstheit.

Was aber kann Bewusstheit anderes sein als die Urkraft,
das Absolute, die Schöpferkraft der kosmischen Allmacht
... und damit etwas anderes als Gott selbst?

Prolog:

Vom Staubkorn und der Liebe

Staub ist die Gesamtheit feinster Teilchen, die vom Wind in die Luft getragen werden, bis sie schließlich durch die Kraft des *Hingezogenseins* an irgendeiner Oberfläche haften bleiben.

Die Liebe bei den Menschen verhält sich auf entsprechende Weise, denn sie ist die Kraft der Zuneigung und damit das unbändige Gefühl des *Hingezogenseins* zu etwas oder jemandem. Am Ende bleibt jedoch auch dieses größte menschliche Gefühl meist an der Oberfläche haften, selbst wenn es sich zunächst in die Tiefen der Leidenschaft vorzudringen wagt, dort aber auf Dauer kein echtes Bündnis mit der höchsten, absoluten Liebe, die keinerlei Bedingung kennt, zu schließen in der Lage ist.

Es geht bei uns auf Erden also immer um das *Hingezogensein*, um am Ende meist doch nur an der Oberfläche von etwas oder jemandem haften zu bleiben …

… bis ein Loslassen beziehungsweise Sich-Loslösen die Kraft des *Hingezogenseins* ihre Wirkung aufs Neue entfaltet.
Was also unterscheidet ein Staubkorn von der Liebe?

Alles … würde man dennoch meinen!

Doch ist das wirklich so …?

1.

Dein Gott, mein Gott …

Kai herausfordernd zu Ali: »Nur noch zwei Tage, dann werden wir euch in Grund und Boden spielen. Dann zeigen wir euch, wo der Hammer hängt.«

»In Grund und Boden spielen? Ja, da bin ich mir sicher, so wird es kommen«, kontert Ali selbstbewusst, »nur mit dem kleinen, aber feinen Unterschied, dass es genau andersherum sein wird. *Wir* werden euch in Grund und Boden spielen. Und diese Niederlage wird für euch über mehrere Jahre hinweg sehr schmerzlich sein.«

»Darüber kann ich nur lachen«, meint Kai und rempelt Ali an, »ihr seid doch noch Fußball-Analphabeten«.

»Großmaul, du wirst schon sehen, wer das Fußballspielen wirklich beherrscht«, entgegnet Ali und boxt seinem Freund gegen die rechte Schulter.

Daraufhin tritt Kai leicht vor Alis Schienbein und schon fangen die beiden Sechzehnjährigen an, sich gegenseitig zu schubsen und zu kabbeln. Schließlich lassen sie sich auf den Boden fallen und beginnen, laut und vergnügt zu lachen.

Nach einer Weile raffen sie sich wieder auf und laufen zu einem Gebüsch. In diesem liegt der Fußball, der von Kai an den Stamm einer Birke geschossen wurde, von dort abgeprallt und dann darin verschwunden ist. Ali kämpft sich ins Gebüsch. Nach wenigen Sekunden ist er wieder zurück und hält den Ball in seinen Händen. Sogleich wirft er ihn

Kai so zu, dass dieser ihn im hohen Bogen zu Ali zurückköpft. Gekonnt lässt jener das runde Leder auf seiner Brust abprallen und schießt es, bevor es zu Boden fällt, Kai vor die Füße, der den Ball schließlich perfekt mit seinem rechten Fuß stoppt.

»Wie wäre es mit einem Eis?«, schlägt Kai nun vor, »mein Taschengeld gibt für jeden von uns noch drei Kugeln her.«

Ohne auf eine Antwort von Ali zu warten, läuft Kai zu seinem Fahrrad, das unabgeschlossen an einen Maschendrahtzaun gelehnt ist. Ali folgt Kai und schnappt sich sein danebenstehendes Rad. Fast gleichzeitig schwingen sie sich auf ihre Drahtesel und radeln in rasantem Tempo davon.

Schnell erreichen sie die nur wenige Kilometer entfernt liegende Eisdiele, die bekannt ist für ihre großen Kugeln. Mit ihren Eisbechern steuern sie eine kniehohe Mauer an, die einen kleinen städtischen Park umrandet. Sie setzen sich darauf und löffeln genüsslich ihre kühle Köstlichkeit.

»Was tippst du für Samstag?«, will Ali von Kai wissen.

»Genau das, was ich dir bis jetzt jeden Tag gesagt habe«, gibt Kai fast ein wenig genervt zurück.

»Ich meine ja nur«, beschwichtigt Ali, »du könntest es dir ja noch mal überlegt haben.«

»Warum sollte ich das?«, fragt Kai.

»Weil du zu der Erkenntnis gekommen sein könntest, dass die Türken im Moment doch den besseren Fußball spielen«, antwortet Ali.

»Machst du Witze?«, fragt Kai erheitert.

»Sehe ich so aus?«, grinst Ali.

»Ja, genau so siehst du aus«, amüsiert sich Kai.

»Ich gebe zu«, wendet Ali ein, »Deutschland hatte im direkten Duell unserer Mannschaften bis jetzt noch immer die Nase vorn. Aber das wird sich ändern. Samstag beginnt eine neue Ära für unser Land. Und in einigen Jahren wird die Türkei das erste große Fußballturnier gewinnen, du wirst schon sehen.«

»Na ja, in hundert Jahren vielleicht«, lacht Kai.

Ali schaut ärgerlich zu Kai hinüber. Dieser bemerkt dessen eindringlichen Blick. »Er scheint es wirklich ernst zu meinen«, denkt sich Kai und hört abrupt auf zu lachen. Schließlich fragt er Ali: »Willst du mal von meinem Schokoladen, Kirsch- und Bananeneis probieren?«

Ohne auch diesmal eine Antwort abzuwarten, hält er Ali, scheinbar versöhnlich, seinen Eisbecher hin. Ali probiert von jeder Sorte. Sofort fängt Kai wieder an zu lachen, versucht es aber dann zu unterdrücken. Verwundert schaut Ali zu Kai.

»Du hast gerade von Deutschland gekostet«, sagt Kai.

»Was?«, stutzt Ali.

»Na, meine Eissorten. Ich habe sie nicht nach Geschmack, sondern nach Farben gewählt.«

»Ja und? Was hat das zu bedeuten?«, wundert sich Ali.

Kai klärt seinen Freund umgehend auf: »Es sind die Deutschlandfarben. Schokolade steht für *Schwarz*, Kirsche für *Rot* und Banane für *Gelb*.«

Jetzt ist es Ali, der auf einmal zu lachen beginnt. »Gelb, das ist ja köstlich«, grölt er und kippt fast rückwärts die Mauer hinunter, »welch blitzsauberes Eigentor von dir.«

»Eigentor? Wieso Eigentor? Bananeneis ist nun mal gelb … und äußerst lecker«, stellt Kai fast ein wenig beleidigt fest.

»Lecker schon … und gelb auch, aber eure dritte Nationalfarbe ist nicht Gelb, sondern Gold!« Ali hört plötzlich auf zu lachen. Auch Kai wirkt mit einem Mal ernst.

»Ja, du hast recht«, gibt Kai zu, während er die Stirn runzelt, »verdammt noch mal, da hast du wirklich recht.«

»Wenn du noch nicht einmal die Nationalfarben Deutschlands kennst, wie willst du dann erst wissen, dass eure Mannschaft am Samstag gewinnen wird?«, läuft Ali nun zur Höchstform auf.

»Ist ja schon gut – Gold – natürlich Gold. Drei zu eins werden wir euch schlagen, wenn es für euch gut läuft«, versucht Kai wieder die Oberhand zu bekommen.

»Wovon träumst du nachts«, kontert Ali, »zwei zu eins gewinnen die Türken. Und wegen dieses Resultats könnt ihr euch noch glücklich schätzen.«

»Du wirst es ja sehen«, meint Kai trocken.

»Nein, *du* wirst es sehen, ganz Deutschland wird es dann sehen«, frotzelt Ali.

Beide Jungen halten ihre mittlerweile geleerten Eisbecher in den Händen und betrachten sich abwartend. Dann fangen sie an zu nicken, als wolle jeder dem anderen noch einmal eindringlich sagen: »Du wirst es schon sehen.«

Kurz darauf grinsen sie sich aber wieder an. Kai gibt Ali ein Zeichen, dass er ihm seinen leeren Eisbecher geben soll. Ali reicht ihn hinüber. Kai steckt dessen Eisbecher in seinen und wirft beide anschließend in den etwa drei Meter von ihnen entfernt stehenden Mülleimer. Treffer! Ali applaudiert kurz, stellt aber nüchtern fest: »Zufall.«

Unversehens steht Kai auf und läuft zu seinem Fahrrad. Ali versucht ihn einzuholen. Auf den Rädern entsteht eine wilde Verfolgungsjagd, an deren Ende beide Jungs völlig erschöpft Kais Zuhause erreichen. Sie stellen ihre Räder in die Garage; Kai schließt die Haustüre auf. »Ich bin wieder da – mit Ali«, ruft er anschließend laut, um seine Familie zu informieren. Dann hechten sie in den ersten Stock und verschwinden in seinem Zimmer. Dort werfen sie sich auf die Couch und verschnaufen.

Nach einer Weile zeigt Ali auf das kleine Kruzifix, das über der Tür hängt, und sagt: »Dein Gott wird euch am Samstag nicht beistehen. Allah führt die Türken hingegen zu einem glorreichen Sieg.«

Kai kontert: »Du kannst bis Samstag so viel beten, wie du willst. Allah kann euch nicht zum Sieg führen, weil unser Gott mächtiger ist als euer Allah und die Deutschen daher siegen lässt.«

»Da kann ich nur lachen … ha! Allah ist mächtiger als euer Gott. Allah ist der Mächtigste. Mächtiger als Allah ist nichts im gesamten Universum.«

»Wir können diesbezüglich ja morgen mal Herrn Bergmann fragen«, schlägt Kai spontan vor, »der müsste es ja wissen.« Ali nickt zustimmend.

Schließlich begeben sich die beiden Freunde zum Computer. Autorennen ist angesagt. Und so vergeht eine weitere unbeschwerte Stunde, bevor sich Ali auf den Heimweg macht.

2.

Der männliche, der weibliche Gott

Herr Bergmann ist bei seinen Schülern ein sehr beliebter Lehrer. Er unterrichtet neben Geographie und Englisch auch Ethik und versteht es, dieses Fach mit der angemessenen Ernsthaftigkeit, aber gleichzeitig auch mit einer erfrischenden Leichtigkeit zu gestalten. Zu Beginn jeder Unterrichtsstunde hat ein Schüler die Gelegenheit, eine Frage zu stellen, die etwa zehn Minuten vor Ende des Unterrichts für eine kurze Diskussion noch einmal aufgegriffen wird. Nicht immer nutzen seine Schüler dieses Angebot.

Doch heute melden sich Kai, Ali und noch zwei weitere Schüler. Weil Kai aber am schnellsten aufgezeigt hat, entscheidet sich Herr Bergmann für ihn.

Kai legt los: »Ali und ich haben uns gestern nicht einigen können, wer der Größere, der Mächtigere ist, Gott oder Allah. Wir wollen wissen: Wer von beiden ist es wirklich?« Nach diesen Worten herrscht im Klassenraum Stille.

Herr Bergmann mustert Kai und Ali abwechselnd, ehe er sagt: »Vielen Dank für deine Frage, Kai.« Dann wendet er sich wieder der ganzen Klasse zu: »Wir sollten Kais Frage nun sacken lassen und uns zunächst dem eigentlichen Unterrichtsthema widmen.«

Herr Bergmann gestaltet den Unterricht wie immer sehr kurzweilig, und Kai und Ali beteiligen sich sehr rege. Gleichwohl schauen sie immer wieder ungeduldig auf die Uhr und sehnen sich die letzten zehn Minuten des Unterrichts herbei.

Dann endlich kommt Herr Bergmann auf Kais Frage zurück. Er wiederholt sie und wartet einen Moment, ob einer seiner Schüler etwas zu sagen hat. Doch niemand möchte sich dazu äußern. Herr Bergmann fordert seine Schüler auf, mutig einen Lösungsansatz zu formulieren, doch es herrscht auch weiterhin großes Schweigen. Schließlich stellt er fest: »Meine Klasse ist ratlos. Bei eurer ansonsten so blühenden Fantasie überrascht mich das. Wagt denn niemand einen Versuch? … Erinnert ihr euch denn nicht mehr daran, worüber wir noch vor wenigen Wochen gesprochen haben? … ›*Alles ist Eins*‹: Das ist die Kernaussage aller großen Religionen beziehungsweise ihrer Begründer, nur jeweils mit unterschiedlichen Worten ausgedrückt.« Herr Bergmann gibt daraufhin einige Aussagen wieder, die Buddha, Laotse, aber auch Jesus und Mohammed zugeschrieben werden.

Erneut schaut er in ratlose Gesichter. Niemand regt sich. In diesem Moment läutet die Schulglocke das Ende des Unterrichts ein und erlöst die Schüler.

»Macht euch bitte über das Wochenende hierzu ein paar Gedanken«, so Herr Bergmann, »wir werden Kais Frage zu Beginn des Unterrichts am Montag wieder aufgreifen. Also, bis dahin.«

Die Schüler beeilen sich, in die Pause zu gehen. Kai und Ali verlassen das Klassenzimmer als Letzte. Resigniert schauen sie sich an. Ali bemerkt: »Jetzt sind wir über das Wochenende so schlau wie zuvor. Schade, dass wir über unsere Frage nicht gesprochen haben, wenigstens im Ansatz.«

»Ja, das stimmt«, pflichtet Kai ihm bei, »aber wer weiß, wofür es gut ist. Möglicherweise kommen wir noch zu eigenen Ideen. Mal sehen. Ich vertraue einfach mal auf Gott, dass es so geschieht.«

»Und ich vertraue auf Allah. Ich glaube, dass er das Hinauszögern einer Antwort genau so wollte. Es hat sicher einen tieferen Sinn, dass wir nicht sofort eine Antwort erhalten haben. Allah will uns nur helfen. Allah ist barmherzig. Allah ist groß.«

»Genau wie mein Gott«, stellt Kai selbstbewusst fest, »er ist allmächtig und allwissend. Gott führt uns sicherlich zu einer guten Antwort. Und wenn nicht, dann ist es auch sein Wille. Alles ist sein Wille. Gott ist vollkommen.«

Ali bleibt stehen. »Allah und Gott könnten auf Gottesebene fast Brüder sein«, mutmaßt er und wendet sich seinem Freund mit dem Nachsatz zu, »denn auch Allah ist vollkommen!«

Kai stoppt nun ebenfalls und schaut Ali nachdenklich an. Dann legt er seine linke Hand auf die rechte Schulter seines Freundes: »Ja, das könnte wirklich so sein. Sowohl *mein* Gott als auch *dein* Gott scheinen etwas Wesensverwandtes zu haben.«

»Gott und Allah – göttliche Brüder, das hätte was«, bemerkt Ali gedankenvoll.

Erneut entsteht eine kurze Pause, in der beide ihr Schlendern wieder aufnehmen.

»Warum überhaupt Brüder, warum nicht Schwestern?«, fragt Kai auf einmal.

»Schwestern?«, fragt Ali verdutzt zurück.

»Ja, warum nicht Schwestern?«, wiederholt Kai zögernd.

»Ich weiß nicht … Gott und Allah bekommen durch die Anrufungen in unseren Gebeten doch etwas Väterliches und nichts Mütterliches«, sagt Ali unsicher.

»Hm …, woher wissen wir das eigentlich? Warum gehen alle Christen und Moslems immer davon aus, dass Gott und Allah männlich sind?«, gibt Kai bedächtig von sich.

»Obwohl …«, wirft Ali ein, »wenn Gott und Allah vollkommen sind, müssten sie doch auch das Weibliche in sich vereinen. Denn das Männliche ohne das Weibliche wäre nicht wirklich vollkommen.«

»Und das Weibliche ohne das Männliche wäre ebenfalls alles andere als vollkommen«, ergänzt Kai.

»Kannst du dich noch an das Symbol *›Yin und Yang‹* erinnern, das wir neulich bei Herrn Bergmann besprochen haben?«, will Ali nun von Kai wissen.

»Klar kann ich mich daran erinnern«, bestätigt Kai. »Es ist ein Begriff der chinesischen Philosophie und das Symbol des Daoismus und des Konfuzianismus, kurz gesagt: Das Eine beinhaltet immer auch das Andere.«

»Genau«, meint Ali, »das Männliche beinhaltet immer auch das Weibliche. Umgekehrt gilt das genauso, das Weibliche beinhaltet immer auch das Männliche. Und das gilt für alles Gegensätzliche entsprechend, wie zum Beispiel für Krieg – Frieden, Liebe – Hass. … Das Symbol ›Yin und Yang‹, das ja übersetzt *dunkel* und *hell* bedeutet, offenbart uns also, dass sich alles Gegensätzliche immer gegenseitig bedingt, aber auch ergänzt und ausgleicht – eins werden lässt, weil letztlich gilt: *Alles ist Eins* – trotz aller Unterschiedlichkeit, Andersartigkeit, Gegensätzlichkeit und Getrenntheit.«

»Damit ist das Symbol ›Yin und Yang‹ in seiner Einheitlichkeit auch als Symbol für das Vollkommene anzusehen. Wie Gott und Allah in ihrer *jeweiligen* Einheitlichkeit selbst die absolute Vollkommenheit sind«, kombiniert Kai.

Nach diesen Überlegungen gehen Ali und Kai ein ganzes Stück schweigend nebeneinanderher. Den Kiosk, in dem sie sich für gewöhnlich freitags in der großen Pause immer Süßigkeiten für das anstehende Wochenende kaufen, ignorieren sie diesmal. Tief in sich versunken, schenken sie nichts und niemandem Beachtung. Erst als nach einigen Minuten die Schulglocke zum Ende der Pause läutet, werden Kai und Ali wieder in ihre schulische Realität zurückgeholt. Lustlos trotten sie in ihr Klassenzimmer zurück, um die letzten beiden Stunden der Schulwoche hinter sich zu bringen. Doch nur sporadisch beteiligen sie sich am Unterricht. Im Moment beschäftigt sie einzig ihr soeben auf dem Pausenhof geführtes Gespräch.

3.

Der Gott der Gegensätzlichkeit

Dann ist es endlich soweit, die Schulglocke läutet das letzte Mal an diesem Tag: Wochenende. Und morgen Abend: Qualifikationsspiel zur Europameisterschaft, Deutschland gegen die Türkei. Kai und Ali fiebern dem Samstagabend schon seit Wochen entgegen. Sie haben vereinbart, sich dieses entscheidende Fußballspiel mit ihren Familien im Deutsch-Türkischen Kulturverein anzuschauen. Was für ein Fest für die beiden Freunde.

Bereits am Samstagvormittag, gleich nach dem Frühstück, treffen sich Kai und Ali an einem nahe gelegenen Bolzplatz, allerdings ohne selbst gegen den Ball zu treten. Sie schauen zwar dem Fußballspiel der anderen Jungen zu, doch Fußball ist momentan nicht der Grund für ihr Treffen; schnell kommen sie auf ihr gestriges Gespräch zurück.

»Eigentlich dürfte Gott weder nur männlich noch nur weiblich sein«, beginnt Ali, »und zwar müsste das sowohl für *meinen* als auch für *deinen* Gott gelten.«

»Zumindest müssten sie beides in sich vereinigen«, meint Kai.

»Gott ist eben alles, was ist«, führt Ali weiter aus, »daher *muss* er alles sein – insbesondere auch *alles* Gegensätzliche. Also nicht nur männlich und weiblich, sondern auch erwachsen und kindlich, nah und fern, oben und unten … und so weiter und so fort.«

»Auch gerecht und ungerecht?«, fragt Kai unsicher. »Das wäre zumindest folgerichtig.«

»Ich glaube«, so Ali weiter, »für uns Menschen mag es manchmal so aussehen, dass Gott nicht nur gerecht, sondern ab und zu auch ungerecht sein kann. Aber letztendlich ist aus seiner Sicht wahrscheinlich selbst das Ungerechte gerecht, weil es gleichwohl schöpferisch ist.«

Kai und Ali schweigen einige Minuten und verfolgen das Spiel der Jungs auf dem Bolzplatz. Plötzlich kommt einer der Spieler in einem Zweikampf zu Fall. Nach einer Weile spielt er jedoch weiter, wenn auch mit deutlich schmerzverzerrtem Gesicht und weit weniger Einsatzwillen.

»War das nun gerecht beziehungsweise schöpferisch, dass der Junge gefoult wurde und nun Schmerzen hat?«, fragt Kai, Alis Gedanken aufgreifend.

»Können Schmerzen«, so Ali, »die Menschen anderen Menschen zufügen – oder generell Krankheiten und Unglücksfälle – jemals gerecht beziehungsweise schöpferisch sein? Nach menschlichem Ermessen wohl eher nicht. Mit unserem Verstand können wir aber nicht begreifen, was Gottes Wille und Absichten sind. Gott hat keinen menschlichen Verstand, er hat einen göttlichen Verstand, wenn man den Begriff *Verstand* überhaupt auf Gott anwenden kann.«

»Ich glaube, was du sagst, stimmt«, pflichtet Kai seinem Freund bei, »und gleichwohl müsste Gott, wenn wir das eben Gesagte weiterdenken, nicht nur einen göttlichen, sondern auch einen menschlichen Verstand haben. Und dieser müsste dann wiederum aufgeteilt werden in einen männlichen und einen weiblichen Verstand.«

»Und in einen kindlichen und einen erwachsenen sowie in einen beschränkten und einen vollkommenen Verstand«, vervollständigt Ali. Die beiden schauen sich etwas unentschlossen an, bestätigen ihre Feststellung dann aber mit einem kurzen Kopfnicken.

»Gott hat uns Menschen geschaffen. Er ist Schöpfer aller Kreaturen dieses Planeten und des gesamten Universums«, denkt Ali laut nach. »Also muss er auch wissen, wie alles im Einzelnen aufgebaut ist, woraus alles bis ins kleinste Detail besteht und wie alles miteinander verwoben ist. Er hat den beschränkten Verstand des Menschen hervorgebracht. Also muss er auch ein Meister im Verstehen unseres beschränkten Verstandes sein.«

»Und das kann er nur«, meint Kai daraufhin, »wenn er selbst etwas Menschliches an sich hat. Er muss also die Beschränktheit ebenso kennen wie die Vollkommenheit.«

»Wenn ich an ›Yin und Yang‹ denke«, ergänzt Ali, »muss zumindest ein kleiner Teil von Beschränktheit in der Vollkommenheit und ein kleiner Teil von Vollkommenheit in der Beschränktheit liegen. Anders kann es nicht sein, da es das Eine nur dann geben kann, wenn es auch das Andere gibt.«

»Genau«, stimmt Kai seinem Freund erneut zu, »eine Niederlage im Fußball gibt es nur deswegen, weil es auch einen Sieg gibt. Das Verlieren kann es nur aufgrund des Gewinnens geben.«

Ali stutzt und fragt: »Was ist aber bei einem Unentschieden? Hier gibt es weder einen Gewinner noch einen Verlierer.«

Diese Frage ruft erneut eine kurze Gedankenpause hervor.

»In diesem Fall«, philosophiert Kai schließlich, »heben sich Sieg und Niederlage gegenseitig auf. Es gibt dann keinen Gewinner und keinen Verlierer. Bei einem Unentschieden ist das Spiel nicht entschieden. – Aber das ist nur deshalb so, weil ein Fußballspiel eine zeitlich festgelegte Spieldauer hat. Würde nun so lange gespielt werden, bis eine Mannschaft ein Tor schießt und das Spiel damit beendet wäre, wie es die Spielregeln zum Beispiel bei einem *Golden Goal* vorsehen, dann gäbe es auch kein Unentschieden. Oder man würde, wie es mittlerweile bei allen großen Turnieren ja der Fall ist, nach der regulären Spielzeit in die Verlängerung gehen, und gegebenenfalls müsste es ein Elfmeterschießen geben, sollte auch in der Verlängerung keine Mannschaft mehr Tore schießen als die andere. Nach diesen Spielregeln gäbe es dann immer einen Sieger und einen Verlierer. Es kommt also auf die jeweiligen Spielregeln an.«

»Gott beziehungsweise Allah stellen für das Leben, und insbesondere für alle Menschen, auch bestimmte Spielregeln auf«, bemerkt Ali daraufhin, »und eine davon ist, dass auch das Leben zeitlich befristet ist. Manche Menschen sind länger Teil des Spiels *Leben* als andere, weil manche Menschen länger leben als andere, sie also quasi in die Verlängerung gehen. Jedes Leben ist ein höchstpersönliches Spiel.«

»Gleichwohl«, meint Kai, »ist das Spiel jedes Einzelnen immer auch Bestandteil des Spiels einer bestimmten Anzahl von Menschen. Der Einzelne ist immer eingebunden in die

Gemeinschaft, die sozusagen die Mannschaft im Spiel des Lebens darstellt; und die Gemeinschaft ist immer eingebunden in das Leben des Einzelnen. Wir zum Beispiel sind Bestandteile des Lebens unserer Eltern, Großeltern und Geschwister, genauso wie unsere Eltern, Großeltern und Geschwister Bestandteile unseres Lebens sind. Somit ist das Leben, und das gilt für sämtliche Lebensbereiche, quasi ein Mannschaftsspiel. Jeder spielt zwar auch für sich selbst, bringt sich aber gleichzeitig in das Gesamtgefüge ein. Soziales Leben ist nur im Zusammenspiel möglich.«

»Oder es gibt den absoluten Einzelgänger, der sich von der Welt abgewandt hat und als Eremit ein Leben in Einsamkeit führt«, merkt Ali an.

Sie wenden sich wieder dem Fußballspiel auf dem Bolzplatz zu. Gedankenversunken sitzen sie eine ganze Weile schweigend nebeneinander. Erst als ein Ball in ihre Richtung rollt, werden sie in die Realität zurückgeholt. Ali schießt den Ball einem der kickenden Jungen zu, der sich bedankt und das runde Leder sofort zurück ins Spiel bringt. Dann setzt er sich wieder neben Kai, der ihn mit einem zufriedenen Lächeln anschaut. Ali spürt, dass sein Freund ihm etwas sagen möchte. Doch Kai schaut wieder weg und schweigt weiterhin. Nach einigen Minuten blickt Kai erneut zu Ali. Dieser registriert das aus dem Augenwinkel und dreht seinen Kopf mit einem fragenden Blick zu Kai.

»Darf ich dich etwas fragen, was ich dich schon lange fragen wollte?«, leitet Kai seine Worte ein.

»Klar kannst du das. Seit wann bist du so zurückhaltend?«, wundert sich Ali.

»Weil ich mir nicht sicher bin, wie du meine Frage auffassen wirst«, gibt Kai ehrlich zur Antwort.

Noch ehe Kai sein Anliegen in Worte fassen kann, werden beide Jungen plötzlich durch ein lautes Rufen in ihrer Zweisamkeit gestört.

»Hab´ ich mir doch gedacht, dass ich euch hier finden werde.« Ali und Kai drehen sich wie auf Kommando um und sehen Torsten erfreut auf sie zulaufen.

»Hallo Torsten«, begrüßt Kai ihren gemeinsamen Schulfreund wenig begeistert, weil er weiß, dass er seinen Gedankengang Ali nun nicht mehr mitteilen kann. Auch Ali ist über dessen Erscheinen nicht gerade begeistert. Torsten ahnt nicht, dass er gerade zur falschen Zeit am falschen Ort aufgekreuzt ist. Sogleich fragt er Kai und Ali, ob sie Lust hätten, mit ihm ins Freibad zu gehen; zahlreiche Klassenkameraden seien bereits dort.

Kai und Ali wissen, dass sie Torstens Frage jetzt einfach verneinen könnten. Ihnen ist aber auch bewusst, dass sie in Kenntnis dessen, dass wahrscheinlich die halbe Klasse jetzt viel Spaß im Freibad hat, sich dann auch nicht mehr auf ihr inspirierendes Gespräch konzentrieren könnten.

Kai und Ali schauen sich kurz an. Letzterer ergreift das Wort und spricht auch für Kai: »Wir kommen mit.«

Gleich darauf machen sich die drei auf den Weg und verbringen unbeschwerte Stunden … in fröhlicher Gemeinschaft.

4.

Der vollkommene *Eine* Gott

Nach etwas über zwei Stunden im Freibad löst sich der Klassenverband zur Mittagszeit auf. Auch Kai und Ali treibt der Hunger heim. Bevor sie sich am Abend mit ihren Familien im Haus des Deutsch-Türkischen Kulturvereins treffen, wollen sich beide aber unbedingt noch einmal wiedersehen. Aus diesem Grund haben sie sich für den frühen Nachmittag erneut auf dem Bolzplatz verabredet. Die Sonne steht hoch und lässt ein Fußballspielen wegen der brütenden Hitze nicht zu; daher bleibt die Spielfläche leer. Einige Meter von einer der Eckfahnen entfernt, haben die beiden ein schattiges Plätzchen unter einer großen, uralten Pappel gefunden.

»Kai, du wolltest mich heute Vormittag etwas fragen?«, leitet Ali ihr Gespräch ein. Ali kann seine Neugier kaum verbergen.

Sein Freund nickt, äußert sich aber zunächst nicht.

»Jetzt hättest du Gelegenheit dazu«, sagt Ali nach einer Weile ungeduldig. Weitere Sekunden vergehen.

»Hast du Allah darum gebeten, dass die türkische Mannschaft das heutige Spiel gegen die Deutschen gewinnt?«, fragt Kai nun geradeheraus.

Ali stutzt. Kai beobachtet seinen Freund aufmerksam, sagt jedoch nichts. Schließlich ergreift Ali das Wort: »Ja, ich habe Allah darum gebeten, er möge die türkischen Spieler am heutigen Abend mit viel Kondition, Technik und Glück ausstatten, damit sie das Spiel gewinnen. Seit einigen Tagen schon bitte ich ihn am Ende des einen oder anderen Gebets hierum. Und ich wäre glücklich, wenn er meine Bitten erhören würde. … Kai, warum stellst du mir diese Frage?«

Kai zögert, antwortet dann aber: »Auch ich habe Gott am Ende meiner Gebete die Bitte vorgetragen, er möge die Deutschen gewinnen lassen, und habe mir schon gedacht, dass du Allah um den Sieg deiner Mannschaft bittest. Aber genau das hat mich auch sehr nachdenklich gemacht. Und weißt du warum?«

Ali dämmert es langsam, worauf sein Freund hinauswill. »Du meinst, wir stellen Gott beziehungsweise Allah vor die Qual der Wahl?«, fragt er nachdenklich.

»Ja, im gewissen Sinne schon«, antwortet Kai, bevor er konkreter wird: »Allah, Gott – also Gott *und* Allah ... Allah *und* Gott – sind eins. *Beide* sind Eins, weil *Alles* Eins ist! Das ist mir heute früh kurz nach dem Aufwachen klar geworden. Also Gott – der *Eine* Gott – muss aufgrund seiner Vollkommenheit einzigartig sein. Daher gibt es *nur* Gott. *Mein* Gott und *dein* Gott sind … nein … *ist* in Wirklichkeit *unser* Gott – *unser gemeinsamer, vollkommener Eine* Gott. Das ist die Antwort, die einzige Antwort, die es geben kann.«

Kai unterbricht seine Ausführungen und betrachtet Ali, der regungslos vor ihm sitzt und jedes einzelne Wort von ihm regelrecht aufzusaugen scheint.

Nach einer Weile fährt Kai fort: »*Er* muss sich Gebete anhören, die oft verschiedene Bitten zum Inhalt haben. Gott soll sich entscheiden, ob er dieses oder jenes in Bezug auf eine Sache geschehen lässt. Gott soll eine Entscheidung treffen, weil wir Menschen nicht imstande sind, sie zu treffen. Deswegen bitten wir ihn. Aber wir bringen ihn in ein Dilemma. Ein Mensch bittet ihn um das, ein anderer Mensch bittet ihn in derselben Sache um jenes, welches in vielen Fällen genau das Gegenteil von dem ist, das der eine Mensch erbittet. Und Gott soll sich nun entscheiden. … Gott müsste aber dann abwägen und werten; er würde sich damit jedoch auf die Seite des Einen stellen und sich automatisch gegen den Anderen richten. – Kann das aber sein? Können wir tatsächlich glauben, dass Gott auf diese Weise von uns Menschen einzuspannen ist?«

Auch Ali wirkt sehr nachdenklich, bevor er bekräftigt: »*Ein einziger* Gott, ja, so *muss* es sein – *Alles ist Eins*. Es gibt *nur* Gott, ***den** Einen* Gott. Der Gott der Christen und der Gott der Moslems **ist** *ein und derselbe Gott* – ja, so ist es! Wäre das anders, wären also Gott und Allah verschiedene Gottheiten, dann würden nicht nur die Menschen auf Erden miteinander rivalisieren, sondern vermutlich auch die von ihnen angerufenen Gottheiten. Damit gäbe es aber keine Vollkommenheit, weder auf Erden noch im Himmel.«

Es entsteht eine Pause, in der die Jungen das leichte Rauschen der Pappelblätter im aufgekommenen Wind wahrnehmen. Dies wirkt auf sie beruhigend, entspannend und schärft gleichzeitig ihre Sinne. Mittlerweile sitzen beide aufrecht im Schneidersitz und ihre Hände liegen gefaltet auf ihrem Schoß. Ihre Augen verraten, dass ihre Blicke leer sind. Zu sehr sind die beiden Freunde von Gedanken vereinnahmt, die ihr momentanes Thema beherrschen. Erst als ein kleiner trockener Ast neben sie ins Gras fällt, werden sie aus ihren Gedanken gerissen.

»Du meinst also«, greift Ali Kais Überlegung auf, »wir verhalten uns unfair gegenüber *unseren* Gott, weil wir ihn hinsichtlich unserer unterschiedlichen Bitten in eine Zwickmühle bringen? Zwar nicht bewusst, aber doch irgendwie …«

»Unfair, gemein und egoistisch«, vollendet Kai den Gedankengang seines Freundes. »Ja, das meine ich! Denn wären wir nicht so gedankenlos, könnten wir eigentlich selbst dahinterkommen, dass wir Gott in eine unmögliche Situation bringen.«

Ali nickt Kai zustimmend zu: »Du hast recht. Stell dir nur mal vor, wie es in Gott aussähe, wenn er abwägen müsste, um zu einer Entscheidung zu kommen. Er könnte vielleicht denken, dass ich in letzter Zeit etwas braver zu meinen Geschwistern war als du …«, beide Jungen müssen bei diesem Beispiel schmunzeln, doch kurz darauf fährt Ali mit seinen Ausführungen ernst fort: »Wobei du eventuell etwas hilfsbereiter gegenüber deinen Eltern warst als ich. Also denkt sich Gott vielleicht, was diese beiden Punkte und uns beide betrifft: *unentschieden.*«

»Unter Umständen kommt aber noch hinzu, dass ich meine Bitte im Gebet ehrerbietiger formuliert habe, als du es getan hast«, greift Kai Alis Beispiel auf, »dann könnte er möglicherweise einen kleinen Pluspunkt bei mir verbuchen und zu dem Ergebnis kommen, dass er meiner Bitte eher nachkommen solle als deiner, was dann zur Folge haben könnte, dass er Deutschland gewinnen ließe – vielleicht mit zwei zu eins.«

»Oder meine Bitte wäre mehr als deine aus dem Herzen entsprungen, dann könnte es auch sein«, variiert Ali das

Beispiel von Kai, »dass Gott sich eher zu einem eins zu zwei für die Türkei durchringen würde.«

»Was aber, wenn du deine Bitte, wie du selbst ausführst, aus dem Herzen heraus formuliert hast, dein Bruder sich bei seiner Bitte für einen Sieg der Türkei aber eher von seinem Verstand hat leiten lassen, so wie ich auch?«, fragt Kai. »Wie sähe es dann wieder aus?«

»Hm …«, gibt Ali ratlos von sich, bevor es schließlich nach einer kurzen Überlegung aus ihm heraussprudelt: »Es ist gar nicht möglich, mit unserem Denken eine Lösung herbeizuführen in dem Glauben, so oder so könnte Gott abwägen, um zu einer Entscheidung zu kommen. Gott entscheidet nach Maßstäben, die unser Verstand noch nicht einmal im Ansatz erfassen kann. So wie ein Dreijähriger nicht versteht, was ein Physikprofessor sagt, genauso wenig verstehen wir, nach welchen Maßstäben Gott seine Entscheidungen trifft. Denn egal, wie eine Entscheidung auch ausfallen mag, in vielen Fällen wird sie irgendjemanden wohl oder übel benachteiligen – zumindest nach unserem Verständnis. Gott, der Allmächtige, ist nicht zu durchschauen, er ist absolut unergründlich.«

Nun ist es Kai, der mit einem leisen »Hm« auf Alis Worte reagiert, um ihn kurz darauf erneut mit einer Frage zu konfrontieren: »Wieso gehen wir Menschen eigentlich immer davon aus, dass Gott Entscheidungen trifft? Vielleicht mischt er sich ja auch gar nicht in unser Wirken ein und lässt uns – völlig wertungsfrei – einfach freie Hand.«

»Du meinst, er beobachtet unser Treiben, ohne in irgendeiner Weise einzugreifen?«, fragt Ali nach.

»Ja, warum denn nicht?«, bekräftigt Kai. »Er schaut sich möglicherweise ganz gelassen und entspannt an, was wir Menschen so treiben. Er greift auch nicht in Extremsituationen ein, was auch Naturkatastrophen, Unglücksfälle und persönliche Schicksalsschläge erklären würde. Er drängt sich uns Menschen nicht auf. *Er* ist kein Schiedsrichter im Spiel des Lebens!«

»Vielleicht ist er aber nach unserem Tod der Schiedsrichter über unseren Spieleinsatz und unsere Spielweise auf Erden; also quasi das jüngste Gericht entscheidet über die Taten beziehungsweise Untaten des Einzelnen, und der Einzelne wird dann im Jenseits zur Rechenschaft gezogen«, spekuliert Ali.

»Oder es ist alles doch ganz anders«, gibt Kai zu bedenken.

»An was denkst du hier?«, fragt Ali umgehend.

»Wenn ich das so genau wüsste«, gesteht Kai. »Vielleicht entscheidet Gott ja doch und er ist für alles, was geschieht oder auch nicht geschieht, verantwortlich. Nur wir verstehen seine Entscheidungen nicht. Wir sehen halt keinen Sinn darin, warum ein Flugzeug abstürzt und viele Menschen dabei ums Leben kommen. Wir können auch in keiner Weise nachvollziehen, warum manche Menschen andere Menschen umbringen, ja warum es die ganzen schrecklichen Kriege auf der Welt gibt. Und versuch einmal Erdbebenopfern zu erklären, die Familienangehörige und alle Habseligkeiten verloren haben, dass Gott hier seine Finger mit im Spiel hatte und er diese Katastrophe genau so wollte, obwohl es sicher in seiner Macht gelegen hätte, das Erdbeben zu verhindern. Hier ist es doch nachvollziehbar, dass gläubige Menschen sehr starke Zweifel an Gott bekommen.«

»Das stimmt«, bestätigt Ali, »der Glaube gerät besonders dann ins Wanken, wenn das Leid die Oberhand gewinnt.«

Erneut sitzen die beiden Freunde eine Zeit lang schweigend nebeneinander. Der Wind ist schwächer geworden. Einige Wolken sind aufgezogen, die den Schatten, den die Pappel zuvor noch geworfen hat, haben verschwinden lassen. Ali schaut auf seine Armbanduhr. »Noch viereinhalb Stunden bis zum Anpfiff«, bemerkt er emotionslos.

»Dann hat Gott ja noch ein bisschen Zeit mit seiner Entscheidung, auf wessen Seite er sich letztlich schlagen wird«, versucht Kai dem Gespräch die Ernsthaftigkeit zu nehmen.

Ali mustert seinen Freund. Schließlich fragt er ihn: »Du siehst so aus, als würdest du nach wie vor über eine Frage nachdenken.«

»Du hast eine gute Beobachtungsgabe«, stellt Kai fest und will von seinem Freund nun wissen: »Warum hast du Allah in *mehreren* Gebeten um den Sieg der Türken gebeten, warum nicht nur in einem einzigen Gebet?«

»War es denn bei dir anders?«, fragt Ali zurück.

»Nein, bei mir war es genauso«, gibt Kai unumwunden zu. »Daher richte ich meine Frage ebenso an mich selbst. Warum also bitten wir Gott mehrmals um eine bestimmte Sache? Vertrauen wir ihm nicht? Meinen wir, wir müssten vor Gott dasselbe Anliegen mehrmals vorbringen, damit er es nicht vergisst und unseren Wunsch aufgrund des Nachdrucks unseres Bittens auf jeden Fall erfüllt?«

»Deine Frage ist mehr als berechtigt«, stellt Ali fest, »es scheint etwas mit unserem mangelnden Gottvertrauen zu tun zu haben, dass wir es bei *einer* Bitte in *einem* unserer Gebete nicht bewenden lassen. Würden wir Gott wirklich vertrauen und nicht den geringsten Zweifel hegen, dann bräuchten wir ihn nur ein *einziges* Mal zu bitten. Wir scheinen aber Gott nicht zu trauen. Daher bitten wir ihn mehrmals und signalisieren ihm damit, dass wir eigentlich sehr große Zweifler sind in Bezug auf seine Allmacht.«

»Das sehe ich ganz genauso«, pflichtet Kai seinem Freund bei, »stell dir vor, ich bitte dich, etwas für mich zu tun, zum Beispiel dich um mein Aquarium zu kümmern, wenn ich mit meiner Familie in den Urlaub fahre. Und stell dir vor, wir fahren erst in zwei Wochen in den Urlaub, ich würde dich aber schon jetzt jeden Tag an meine Bitte einmal oder mehrmals erinnern, dich also immer wieder bitten, dass du während meines Urlaubs meine Fische fütterst. Ich glaube, spätestens nach meiner dritten Bitte würdest du dich beleidigt fühlen, weil ich ja damit zum Ausdruck brächte, dass du nicht imstande wärst, dir meine Bitte zu merken und ihr nachzukommen. Wahrscheinlich würdest du dich irgendwann genervt an mich wenden, was das denn soll. Oder du reagierst trotzig, wie auch immer.«

»Ja, das wäre wahrscheinlich der Fall«, vermutet auch Ali und führt weiter aus: »Aus einem dezenten Bitten kann auf diese Weise schnell ein aufdringliches Betteln werden. Für ein echtes, also zweifelsfreies Gottvertrauen müsste das einmalige Bitten im Grunde ausreichen; ja, es *muss* ausreichen. Da Gott vollkommen ist, wie wir wissen, wird er die Bitte möglicherweise aus unserer Sichtweise nicht erfüllen, hören wird er sie aber auf jeden Fall; doch vergessen wird er sie mit Sicherheit nicht. Als Allwissender und Schöpfer des Universums weiß er zwar, was Vergesslichkeit ist – er hat sie bei uns Menschen ja auch geschaffen –, aber selbst ist er nicht vergesslich, denn wer die Vollkommenheit ist, kann nicht so sein wie wir Menschen, nämlich vergesslich und damit unvollkommen.«

»Das denke ich auch«, meint Kai, »Gott ist eben *Gott*. Er ist mit menschlichen Maßstäben nicht zu erfassen. Wäre das anders, würden wir Gott in seinem ganzen Wesen verstehen können. Doch dafür müssten wir ebenfalls vollkommen sein.«

»Allah ist groß!«, sagt Ali bedächtig. Eher beiläufig erwähnt er noch: »Der Mensch ist es nicht!«

Erneut entsteht eine Pause, in der den beiden Freunden zahlreiche Gedanken durch den Kopf gehen.

»Gott ist der Hirte, wir Menschen sind seine Schäfchen«, unterbricht Kai mit seinem Vergleich die kurze Schweigsamkeit. »Stell dir aber einmal vor, es gäbe keine Schäfchen ...«

»Dann«, fällt Ali Kai ins Wort, »gäbe es auch keinen Hirten, denn ein Hirte ohne Schäfchen wäre kein Hirte. Einen Hirten kann es aber nur deswegen geben, weil es auch *seine* Schäfchen gibt.«

»Das würde aber bedeuten, dass es Gott nur deshalb gibt, weil wir Menschen existieren«, kombiniert Kai. »Wenn es ohne Schäfchen keinen Hirten gäbe, dann würde es ohne Menschen auch Gott nicht geben. Denn wer sollte ihn dann als Gott wahrnehmen? Ohne seine

Schäfchen wüsste der Hirte ja selbst nicht, dass er ein Hirte ist!«

»Vielleicht hat uns Gott nur deswegen erschaffen, damit *er* wahrgenommen wird«, mutmaßt Ali. »Uns gibt es also, weil Gott erfahren werden *will.* Und damit dies geschehen kann, gibt es die Schöpfung, deren Teil wir sind. … Das erklärt auch, warum Gott nicht nur Tiere und Pflanzen erschaffen hat, denn nur der Mensch ist in der Lage, sich die Fragen zu stellen: Wer bin ich? Warum bin ich?«

»Im Verlauf der Schöpfung, die Gott geschaffen hat und ihn daher widerspiegelt, will er sich selbst erfahren«, meint nun auch Kai. »Doch dafür ist es nicht notwendig, dass er für uns Menschen – auf unsere Bitten hin – Entscheidungen trifft. Denn die Vollkommenheit zeigt sich Gott insbesondere in der Unvollkommenheit der Menschen innerhalb des Welten-Geschehens, das ja ohnehin nur *er* selbst ist.«

Kai und Ali blicken sich an. Intuitiv wissen sie, dass nur ein längeres Schweigen dem jetzigen Augenblick ihrer neuen Erkenntnis Rechnung tragen kann: … Es gibt nur den *Einen* Gott. Und der Mensch existiert nur deswegen, damit Gott erfahrbar ist … *er* sich also durch die Unvollkommenheit der Menschen in seiner absoluten Vollkommenheit erkennt – aber nicht, weil Gott sich selbst erkennen muss, sondern weil er es auf genau diese Art und Weise *will*! Durch uns! Für uns!

5.

Gottes Logik

Der Raum im Deutsch-Türkischen Kulturverein, in dem das Fußballspiel auf einer Großleinwand gezeigt wird, ist bis auf den letzten Platz gefüllt. Kai und Ali sitzen nebeneinander mitten im Raum an einem langen Tisch, an dem auch ihre Eltern und Geschwister Platz genommen haben.

An die hundert Menschen wollen das Fußballspektakel gemeinsam erleben. Die türkischen Zuschauer sind in der Überzahl; die etwa dreißig deutschen Fans verhalten sich aber nicht weniger euphorisch und sind daher entsprechend lautstark. Das Spiel steht kurz vor dem Beginn, die Nationalhymnen erklingen. Einige schwarz-rot-goldene sowie rote Fahnen mit weißem Halbmond und Stern in der Mitte werden bei den Hymnen unter lautem Gesang einträchtig geschwenkt – auch von Kai und Ali. Die Vorfreude auf ein spannendes Fußballspiel steht den hier versammelten Menschen ins Gesicht geschrieben.

Nach den Hymnen erfolgt durch den Schiedsrichter und die beiden Mannschaftskapitäne die Platzwahl und die Festlegung, welche Mannschaft Anstoß hat. Unmittelbar darauf nehmen die Spieler ihre Positionen auf dem Spielfeld ein. Einige türkische Spieler beten zu Allah, manche deutschen Spieler bekreuzigen sich. Kai und Ali beobachten das sehr aufmerksam.

»Welcher Spieler erbittet jetzt was von *seinem* Gott?«, fragt Ali seinen Freund, während er mit seinem Knie dessen Bein unter dem Tisch anstößt.

»Vermutlich bittet jeder dieser Spieler Gott um ein erfolgreiches Spiel«, antwortet Kai, »also nicht nur für sich selbst, sondern letztlich auch für den Sieg seiner Mannschaft.«

»Ob es auch nur einen Spieler auf dem Feld gibt, der nicht nur für die eigene, sondern auch für die Unverletztheit seiner Spielkameraden und sogar für die seiner Gegenspieler betet?«, fragt Ali weiter. »Und meinst du, ob auch nur einer der Spieler Gott darum bittet, dass die bessere Mannschaft gewinnen möge?« Antworten von seinem Freund erwartet er jedoch nicht.

In diesem Moment pfeift der Unparteiische das Spiel an. Die ersten Anfeuerungsrufe im Raum ertönen und machen eine weitere Unterhaltung unmöglich.

Deutschland gewinnt am Ende mit drei zu zwei. Aufgrund der jeweiligen Spielergebnisse der anderen Partien in derselben und einer anderen Qualifikationsgruppe kann sich die Türkei als bester Gruppenzweiter letztlich ebenfalls direkt für das anstehende Europameisterschaftsturnier qualifizieren. Nachdem der Jubel im Vereinsraum hierüber verklungen ist, machen sich Kai, seine Eltern und seine Geschwister auf den Heimweg. Er und Ali haben sich kurz zuvor für den morgigen Nachmittag verabredet, und so treffen Kai und Ali sich auch am Sonntag wieder bei der großen, alten Pappel am Bolzplatz.

»Hi Ali!«, ruft Kai, während er sich von seinem Rad schwingt und es neben das Rad seines Freundes abstellt, das am mächtigen Pappelstamm lehnt.

»Kai, wie gehts?«, ruft Ali, der unter dem Baum sitzt, seinem Freund freudig zu.

»Hast du die Niederlage von gestern schon verdaut?«, zieht Kai ihn auf und setzt sich sogleich neben ihn ins Gras.

Dieser antwortet: »Na klar, und mit etwas Glück hätte die Partie auch genau andersherum ausgehen können. Hätte der Schiedsrichter den Türken bereits in der zwölften Spielminute den fälligen Handelfmeter gegeben, dann hätte die Partie einen ganz anderen Spielverlauf genommen und wir wären vielleicht mit einem Tor Unterschied als Sieger vom Platz gegangen. Ihr wart nicht wirklich besser als wir, ihr habt halt sehr viel Glück gehabt.«

»Ihr aber auch«, kontert Kai, »wären die anderen Partien in unserer Gruppe und der Gruppe E anders ausgegangen, dann würde die Europameisterschaft jetzt ohne euch stattfinden.«

Die beiden Freunde fangen an, sich gegenseitig leicht auf den Oberkörper zu boxen. Ihr kleiner Kampf dauert aber nicht lange. Schließlich bemerkt Ali: »Letztlich wurden unsere Gebete von Gott erhört, doch hat er seine eigene Lösung für unsere Bitten gefunden. Obwohl die Türken verloren haben, gehören sie dennoch zu den Siegern.«

»Das stimmt, aber hätte Belgien gegen Aserbaidschan nicht nur unentschieden gespielt, sondern gewonnen«, gibt Kai zu bedenken, »dann wären die Belgier anstelle der Türken zum Turnier gefahren. Und so mancher Belgier hat sicher auch zu Gott gebetet, er möge seine Mannschaft zum Sieg führen.«

»Ja, so wäre es dann gewesen. Doch wie heißt es immer so schön: Die Wege des Herrn sind unergründlich«, zitiert

Ali. »Wenn ich ihn mal sehen sollte, den Herrn, *unseren* Gott, dann würde ich ihn gerne fragen, welche Gedanken er sich hierzu gemacht hat.«

»Wenn er sich überhaupt Gedanken macht«, wirft Kai umgehend ein und erinnert, »aber darüber haben wir ja gestern schon gesprochen.«

»Wie würdest du dich denn verhalten, wenn *du* Gott wärst?«, fragt Ali plötzlich seinen Freund, der ihn daraufhin äußerst verdutzt anschaut.

»Das ist vielleicht ´ne Frage«, murmelt Kai sofort gedankenversunken vor sich hin, bevor er wieder in normaler Lautstärke spricht: »Vermutlich würde ich alle Menschen, also alle meine Schäfchen, gleich gern haben. Ich würde daher versuchen, es allen recht zu machen.«

»Aber wenn nun mal eine Mannschaft auf Kosten einer anderen Fußballmannschaft nicht zu einem Turnier fahren darf, dann sind viele Menschen einer Nation traurig und enttäuscht«, redet Ali auf Kai ein.

»Eine andere Nation ist wiederum sehr froh und deren Menschen sind sehr glücklich«, gibt Kai zu bedenken. »Wenn Gott alle Menschen gleich gern hat, dann findet bei ihnen gewissermaßen ein Ausgleich von Traurigkeit und Freude statt, sodass unterm Strich ein Gleichgewicht der Emotionen wieder hergestellt ist.«

»Ja, aber du kannst die Tatsache nicht leugnen, dass sehr viele Menschen traurig sind, die vielleicht von ganzem Herzen zu Gott gebetet haben, er möge ihre Mannschaft zum Sieg führen«, hakt Ali nach.

»Vielleicht würde ich mich als Gott aus den Aktivitäten der Menschen auch ganz heraushalten. – Bei Fußballspielen handelt es sich schließlich um vom Menschen geschaffene Wettkämpfe. Warum sollte ich mich als Gott hier also noch einmischen? Da der Mensch nun mal entschieden hat, dass es bei Wettkämpfen Gewinner und Verlierer gibt, muss er auch mit den Konsequenzen seiner eigenen Regeln leben. Wäre es denn so schlimm, wenn Gott den Menschen aufgrund des ihnen übertragenen freien Willens die Konsequenzen selbst bestimmen ließe? Müsste ich als Gott letztlich für alles verantwortlich sein? Auch für Kriege? – Ich jedenfalls hätte als Gott den Menschen Verantwortung übertragen. Denn hätte ich das nicht gewollt, hätte ich sie auch nicht mit einem freien Willen ausstatten dürfen.«

Ali ist sichtlich beeindruckt von diesen Überlegungen und nickt zustimmend. Kai wendet den Blick von seinem Freund ab und schaut in den blauen Himmel. Ali tut es ihm gleich. Nach einer Weile lenkt Ali seinen Blick aber wieder auf Kai und sagt:

»Ich weiß nicht, wie ich mich als Gott verhielte. Vermutlich würde ich nicht so denken, wie es die Menschen zu tun pflegen. Denn als Gott kann ich nur groß und mächtig … und vollkommen sein, da ich Gott *bin* und nicht als Gott so bin wie die Menschen. Da *ich* aber nun mal ein Mensch bin, ist es wohl unmöglich sich vorzustellen, wie man sich als Gott verhielte.« Und nach einer kurzen Gedankenpause fügt er hinzu: »Vielleicht hast du ja recht mit deiner Vermutung, dass Gott uns Menschen selbst bestimmen lässt, was mit uns geschieht. Ich habe mal gelesen, dass unser Unterbewusstsein zu einem Großteil für alles verantwortlich ist, was uns im Laufe unseres Lebens widerfährt. Und da das Unterbewusstsein nicht wertet, also keine Unterscheidung trifft in gut und schlecht, versucht es, alle unsere Wünsche und Begierden, aber auch unsere Befürchtungen und Ängste in die Realität umzusetzen. Das kann auf den ersten Blick zu absurden Ergebnissen führen. Wünscht sich jemand zum Beispiel ständig die große Liebe, dann hilft einem das Unterbewusstsein in der Umsetzung, das Wünschen der großen Liebe aufrechterhalten zu können. Das führt meist dazu, dass die große Liebe niemals erlebt wird, denn dann wäre ja das Wünschen nach ihr beendet! … Oder man hat Angst vor Krankheit und steigert sich so sehr in diese Angst, dass das Unterbewusstsein nicht die Gesundheit, sondern die Krankheit als das angestrebte Ziel ansieht – denn, wie gesagt, das Unterbewusstsein wertet nicht, es greift lediglich bestimmte Schlagworte auf und macht sich dann an die Umsetzung.«

»Ich habe ebenfalls darüber gelesen«, bemerkt Kai, der es sich mittlerweile liegend bequem gemacht hat. »Hinzu kommt noch, dass das Unterbewusstsein, eben weil es nicht wertet, keine Verneinungen kennt. Hat man Angst vor dem Alleinsein und geht einem daher ständig der Wunsch durch den Kopf: ›Ich will *nicht* alleine sein‹, dann hilft einem das Unterbewusstsein meist dadurch, dass man … alleine ist, denn das Unterbewusstsein empfängt nur: ›Ich will … alleine sein‹. Will man *keine* Krankheit, dann wird man in vielen Fällen krank. Denn obwohl man sich sagt: ›Ich will *keine* Krankheit‹, versteht das Unterbewusstsein nur: ›Ich will … Krankheit‹. Daher ist es so wichtig, dass man sich intensiv mit dem speziellen Mechanismus des Unterbewusstseins auseinandersetzt.«

»Aber was heißt das jetzt bezogen auf unsere Frage?«, bringt es Ali auf den Punkt. »Lässt Gott uns tatsächlich freie Hand? Will er, dass wir aufmerksam werden auf unser gestaltendes Unterbewusstsein und darauf, dass er uns zwar geschaffen hat, sich aber ansonsten aus unserem Leben heraushält?«

»Ja, es sieht so aus«, sagt Kai sehr nachdenklich. »Unser Unterbewusstsein agiert im Verborgenen. Auch Gott offenbart sich uns nicht direkt. Er bleibt ein absolutes Geheimnis, genauso wie unser Unterbewusstsein. Gott, der nach den Ausführungen von Herrn Bergmann in fast allen großen Religionen dieser Welt als das Höchste, als das universelle Bewusstsein angesehen wird, wertet ja ebenfalls nicht. Diese Erkenntnis haben wir ja inzwischen auch gewonnen. Von daher haben Gott und das von ihm geschaffene menschliche Unterbewusstsein etwas ganz Wesentliches gemeinsam, beide bewerten nicht. Das ist deswegen wichtig zu wissen, weil unsere Gebete mit all unseren Anliegen, ausgedrückt in den vielen Bitten, in unser Unterbewusstsein einfließen!«

Ali greift den Gedankengang seines Freundes auf: »Das universelle Bewusstsein, also Gott, existiert als Unterbewusstsein in jedem Menschen und kommt dann bei Heranwachsenden als individuelles Bewusstsein, als Selbst-Bewusstsein, als Ich-Gedanke, zum Vorschein. Dadurch ist der Mensch in der Lage, sich seiner selbst, als Individuum, bewusst zu sein. Und er beginnt – weil es auf Erden ja gar nicht anders sein kann – zu werten und damit *wertende* Geistigkeit zu sein.«

»Genau das unterscheidet den Menschen ganz elementar von Gott«, meint Kai. »Und doch ist der Mensch göttlich. Denn er ist von Gott geschaffen worden. Er besitzt den Lebensatem Gottes und damit dessen Göttlichkeit. Durch sein Selbst-Bewusstsein begreift sich der Mensch als Schöpfung Gottes und, sofern er die einschlägige Textstelle in der Bibel kennt, gleichzeitig als sein Abbild, und dennoch fühlt er sich von ihm getrennt, eben weil er meint, ein von allem unabhängiges Individuum zu sein.«

»Aus islamischer Sicht kann man den Menschen auch als Stellvertreter Gottes auf Erden ansehen«, ergänzt Ali, »sozusagen als individuelle räumlich und zeitlich befristete Daseinsform, die gleichwohl Göttlichkeit in sich birgt. Und das ist auch das Faszinierende: Gott, der zeitlich und räumlich Unbegrenzte, der Vollkommene, der Absolute, begibt sich durch die Schöpfung *und insbesondere durch uns*, seine Schäfchen, in die irdische Begrenzung. Hier nun entsteht die gefühlte Trennung zwischen Mensch und Mensch, aber auch zwischen uns Menschen und Gott, obwohl diese Trennung in Wirklichkeit nur Illusion ist. Das ist auch das, was Herr Bergmann immer wieder mit ›In Wirklichkeit *ist Alles Eins*‹ bezeichnet – aber jetzt erst verstehe ich vollends den hinter dieser Aussage steckenden Wahrheitsgehalt.«

»Nur durch diesen *durch uns* funktionierenden Mechanismus des Getrenntsein-Fühlens kann sich Gott *für uns* selbst erfahren«, meint Kai. Fasziniert von diesem Gedanken radeln die beiden Jungen schweigend nach Hause.

6.

Alles ist Eins

Es ist Montagmorgen, Ethikunterricht bei Herrn Bergmann. Wie von ihm angekündigt, greift er zu Beginn des Unterrichts Kais Frage auf, wer der Größere, der Mächtigere sei: Gott oder Allah?

»Seid ihr bezüglich dieser Frage über das Wochenende zur Erleuchtung gelangt?«, fügt er zum Schluss lächelnd hinzu. Nur Kai und Ali melden sich.

»Sonst keiner?«, fragt er gespannt und wartet eine Weile. Sein Blick wandert zwischen seinen Schülern hin und her.

Schließlich sagt er zu Kai und Ali: »Nun, ihr beiden, dann teilt euren Mitschülern eure Erkenntnisse mit. Ali, du zuerst!«

»Ich, also Kai und ich meinen: Gott und Allah sind eins«, beginnt Ali, »weil *Alles* Eins ist. Kai und ich haben erkannt, dass das gar nicht anders sein kann. Gott ist die Vollkommenheit schlechthin. Daher kann es keinen *weiteren*, keinen *anderen* Gott geben, auch wenn er zum Beispiel mit Allah oder anderswie bezeichnet wird. – Christen und Moslems erkennen zwar für sich selbst, dass es nur einen Schöpfergott gibt; allerdings meinen sie als Schöpfergott immer nur den ihrer eigenen Religion. Allein damit schaffen sie Trennung und leben die Einheit Gottes nicht wirklich. Es gibt aber nur das *Eine* Göttliche, das *Eine* Höchste, das *Eine* Absolute. – Gott, Allah oder die Vollkommenheit sind alles Begriffe für das *Eine* ohne ein Zweites, und zwar jenseits von religiösen Ansichten.«

»Zweimal die *Eine* reine Vollkommenheit kann es nicht geben«, schaltet sich Kai ein, »die absolute Vollkommenheit kann es nur ungeteilt geben. Gäbe es zwei Gottheiten, Gott auf der einen Seite und Allah auf der anderen Seite, müsste es im eigentlichen Sinne auch zwei Vollkommenheiten geben, die dann auch miteinander konkurrieren würden, denn die Vollkommenheit des einen Gottes wäre unvermeintlich eine andere als die Vollkommenheit des anderen Gottes. Die jeweilige Vollkommenheit könnte hiernach nicht wirklich *die* Vollkommenheit sein.«

»Das hieße«, fährt Ali fort, »Gott und Allah wären dann nicht die göttliche Einmaligkeit beziehungsweise Einheit, sondern würden dann zwangsläufig der Zweiheit und damit der Gegensätzlichkeit unterliegen, so wie es bei uns Menschen der Fall ist.«

»Das würde wiederum bedeuten«, so Kai nun wieder, »dass auf göttlicher Ebene gegensätzliche Meinungen und unterschiedliche Interessen aufeinanderprallten. Gott und Allah verhielten sich aber dann nicht anders als die Menschen selbst.«

»Hinzu käme«, ergänzt Ali, »dass es in diesem Fall auch zwei Schöpfergötter geben müsste. Christen und Moslems wären demnach das Produkt zweier Gottheiten, was aufgrund der Tatsache jedoch nicht sein kann, dass es nur einen Planeten mit dem Namen Erde gibt und die Menschheit schon vor Jesus und Mohammed existierten.«

Kai führt weiter aus: »Wenn aber nun Gott und Allah im Reich ihrer jeweiligen Vollkommenheit so etwas wie Kontrahenten wären, müsste es sich bei der Erde und der gesamten Schöpfung letztlich um ein Gemeinschaftswerk handeln – andere Religionen mit ihren jeweiligen Gottheiten und universellen Prinzipien noch nicht einmal mit berücksichtigt. Das aber hieße: Die Schöpfung als solche könnte nicht vollkommen sein, wenn sie aus zwei (oder mehreren) Vollkommenheits-Sphären entstanden wäre. Sie kann jedoch nur aus der absoluten, göttlich-universellen Einheitlichkeit heraus entstanden sein.«

»Innerhalb der Schöpfung, gibt es, als ein Bestandteil der Schöpfung, auch die Gegensätzlichkeit. Aber *der* Schöpfer sowie *die* Schöpfung *als solche*, und da hat Kai völlig recht, beruhen auf Gegensatzlosigkeit, auf absoluter Einmaligkeit. Nur hierdurch kann der Schöpfungsakt die reine Vollkommenheit sein, denn auch die Schöpfung und Gott sind Eins. – Aus alldem Gesagten ergibt sich, dass es *nur* Gott, den *Einen* Schöpfergott geben kann!«, fasst Ali zusammen und beendet die gemeinsamen Ausführungen.

»Ali, Kai«, ergreift ein zufriedener Herr Bergmann nun wieder das Wort, »ihr habt verstanden, was ›*Alles ist Eins*‹ bedeutet.«

Und da nun doch weitere Finger in die Höhe schnellen, findet der Unterricht in einer lebhaften Diskussion seine Fortsetzung.

7.

Das Gesetz von Ursache und Wirkung

Mittlerweile sind einige Wochen vergangen, in denen sich die beiden Freunde außerhalb der Schule einige Male getroffen haben, ohne dass von ihnen der Dialog über Gott erneut aufgegriffen worden ist; neben Fußball haben viele andere Themen des Alltags bei ihnen nun wieder eine Chance. Beide Jungen spüren, dass sie dem *Wesen des Einen Gottes* ein kleines bisschen nähergekommen sind. Was sie mittlerweile sagen, denken und tun, alles geschieht mit bedacht, was ihrer jungenhaften Fröhlichkeit allerdings keinen Abbruch tut.

Und doch herrscht seit wenigen Tagen zwischen ihnen eine ungewohnte Funkstille. Der Grund dafür ist Lydia, eine neue Mitschülerin, die wegen des Umzugs ihrer Familie vor drei Wochen an ihre Schule gekommen ist. Ohne Mühe hatte sie es verstanden, sich schnell in ihrem neuen schulischen Umfeld zurechtzufinden, zum einen ist sie eine sehr gute Schülerin, zum anderen ist sie lebendig und äußerst hübsch!

Lydia hatte sofort das Herz der Klasse erobert, in erster Linie das ihrer Mitschüler, insbesondere das von Kai und Ali. In der Vergangenheit waren sie stets von unterschiedlichen Mädchentypen angezogen worden; Lydia war nun das erste Mädchen, das beide gleichermaßen begehrten.

Kai und Ali spürten, dass sie wegen Lydia zu Rivalen wurden. Diese Erfahrung war neu für beide, und so wurde ihre Freundschaft auf eine harte Probe gestellt. Soweit es möglich war, gingen sich die beiden Jungen lieber aus dem Weg, was zumindest in der Schule nicht leicht war, belegten sie doch neben dem Schulsport und einem Leistungskurs drei Grundkurse zusammen, in denen sie auch noch Sitznachbarn waren.

All dies gipfelte schließlich darin, dass sie seit drei Tagen nur noch das Allernötigste miteinander redeten und immer froh waren, wenn sie nach Beendigung des Unterrichts wieder ihre eigenen Wege gehen konnten. Einen solchen Zustand kannten sie aus der Vergangenheit nicht. Wie lange sollte er noch andauern? Wie lange würde das noch gutgehen? Kai und Ali wollten erst gar nicht der Versuchung unterliegen, sich gegenseitig bei Lydia auszuspielen. Schwierig wurde es aber immer dann, wenn sich Lydia mit einem der beiden Jungs unterhielt. Dann erwuchs sofort große Eifersucht in dem jeweils anderen, sollte er das mitbekommen.

Es war nicht so, dass sie sich herbeisehnten, dass der jeweils andere bei Lydia abblitzen sollte, schließlich waren sie ja Freunde. Allerdings mochten sie sich in Bezug auf Lydias Zuneigung auch nicht gegenseitig Glück wünschen. Was die beiden aber in dieser Situation wieder verband, war ihre Einsicht, dass es in keiner Weise förderlich war, Gott in ihren Gebeten zu bitten, Lydia möge sich in sie verlieben. *Gott war außen vor*. Er sollte keine Entscheidung für den einen und gegen den anderen treffen müssen. Gott war diesbezüglich nicht in die Verantwortung zu nehmen, das wussten sie in ihrem Innersten mittlerweile selbst. Ihre gegenwärtige Verliebtheit war, wie alle anderen

Dinge auf Erden auch, eine Sache, die von Gott *höchstwahrscheinlich* nicht beeinflusst wurde.

Gleichwohl war es zum Verzweifeln. Was sollten sie nur tun? Einfach abwarten, wie sich die ganze Sache entwickelte? Und wenn sich Lydia dann doch für einen der beiden Jungen entscheiden sollte, was wäre dann? Könnte der Nicht-Auserwählte mit dieser Situation freundschaftlich umgehen? Oder könnte ihre Freundschaft daran zerbrechen? Beide Jungen waren sich darüber im Klaren, dass sie in eine entscheidende Phase ihrer Freundschaft eingetreten waren.

Es kam nun der Tag, da eine Auseinandersetzung mit dieser Thematik zwischen Kai und Ali unausweichlich wurde. Die wenig kameradschaftliche Tat eines unbekannten Spaßvogels führte die beiden Jungen und Lydia zwangsläufig zusammen. War es Zufall, Schicksal oder vielleicht doch Gottes Wille?

Als Kai und Ali an einem Schultag nach der letzten Unterrichtsstunde ihres gemeinsamen Leistungskurses mit einigen Klassenkameraden zum Fahrradparkplatz schlendern, werden sie dort von einer laut fluchenden Lydia empfangen. Alis und Kais Blicke treffen sich, denn sie wissen, was der jeweils andere denkt: Selbst fluchend versprüht Lydia einen ungeheuren weiblichen Charme, der den Grund ihres Fluchens zunächst vergessen lässt. Erst dann registrieren sie, dass jemand Lydias weißes Holland-Fahrrad und vier weitere Räder – darunter ihre eigenen sowie die Räder von Jacqueline und Lutz – mit einer langen Eisenkette verbunden und mit einem Vorhängeschloss verschlossen hat.

»Wenn ich den Idioten erwische, der das gemacht hat«, schimpft Lydia, »ausgerechnet heute, wo ich pünktlich zu Hause sein wollte! Übrigens Kai, Ali, eure Räder sind auch mit abgeschlossen!« In diesem Moment stoßen Lutz und Jacqueline hinzu.

»Nicht schon wieder«, stöhnt Lutz genervt, als er die Situation erkennt. »Das hat so ein Idiot vor ein paar Wochen schon einmal gemacht«, erinnert sich Jacqueline.

»Ja, und auch damals war mein Fahrrad eines von weiteren drei Rädern«, empört sich Lutz. »Man könnte fast meinen, dass da jemand etwas gegen mich hat. Na, dann werde ich mich mal wieder zum Hausmeister begeben. Der hat eine Spezialzange, die so eine Kette wie Butter durchschneidet. Letztes Mal hat er mir auch geholfen, hoffentlich ist er da.«

Lutz macht sich sogleich auf den Weg. Jacqueline begleitet ihn. Kai und Ali stehen etwas unbeholfen neben Lydia. Beide schauen sie an, ohne jedoch von sich aus ein Wort herauszubringen.

»Ausgerechnet heute«, wiederholt sie zornig.

»Was ist denn heute?«, platzt es aus Kai jetzt heraus. Alis Blick schießt mehrere Gewehrkugeln auf Kai.

»Können wir dir irgendwie helfen?«, fragt Ali sofort, obwohl er eigentlich fragen wollte, ob *er* ihr helfen könne.

»Leider nein, danke der Nachfrage«, antwortet Lydia und wendet sich Ali zu. Kai wird unruhig. »Ich gebe heute meine erste Nachhilfestunde in Latein«, erklärt sie bereitwillig. »Das ist mir sehr unangenehm. Ausgerechnet bei meiner ersten Nachhilfestunde werde ich zu spät kommen. So ein Mist.«

»Deine erste Nachhilfestunde? … Welch blöder Zufall«, meint Kai daraufhin und Ali nickt zustimmend.

»Zufall?«, fragt Lydia nun nicht mehr zornig. »Es gibt keine Zufälle. Nichts geschieht ohne eine Ursache.«

Die beiden Jungen stutzen. Auf eine derartige Reaktion von Lydia waren sie nicht gefasst.

»Wie meinst du das?«, will Ali genauer wissen.

»Ich bin absolut davon überzeugt, dass alles nach dem Gesetz von Ursache und Wirkung geschieht, alles auf der Welt und alles im Leben jedes Einzelnen«, führt sie aus. »Irgendetwas muss ich, wann auch immer, getan oder unterlassen haben, dass ich mich jetzt in dieser ärgerlichen Situation befinde.«

Kai und Ali schauen sich fragend an.

»Du glaubst, dass du verantwortlich für die jetzige Situation bist, auch wenn die Tat möglicherweise Lutz gegolten hat, wie er eben selbst vermutet hat?«, will Kai wissen.

»Nein«, sagt Lydia, »ich glaube es nicht nur, ich bin absolut davon überzeugt.«

»Kannst du uns das näher erläutern?«, fragt Ali interessiert.

Lydia lässt sich nicht zweimal bitten: »Ohne eine Ursache gibt es keine Wirkung. Alleine aufgrund der Tatsache, dass ich mein Fahrrad aus freien Stücken hier neben Jacquelines, Lutz´ und eure Räder abgestellt habe, trage ich die alleinige Verantwortung für das, was mir gerade passiert. Hätte ich mein Fahrrad an einer anderen Stelle abgestellt, hätte ich diese Schwierigkeiten jetzt nicht. … Ihr im Übrigen auch nicht!«

Lydia hält kurz inne und mustert Kai und Ali. Nach einer Weile fährt sie fort: »Andererseits hat die ganze Sache auch etwas Gutes. Wären unsere Räder jetzt nicht zusammengekettet, könnte ich mich mit euch beiden über dieses spannende Thema nicht unterhalten. Mit wem aus unserer Schule ist eine Unterhaltung über ein solches Thema schon möglich? Ich jedenfalls kenne niemanden. Ihr etwa?«

»Wir kennen sonst auch niemanden«, antwortet Ali für Kai mit. »Erst vor einigen Wochen haben wir uns darüber unterhalten, ob Gott, an den wir beide glauben, Entscheidungen trifft, sind aber schnell zu dem Schluss gekommen, dass er dies wohl eher nicht tut.«

»Würde er das tun«, greift Lydia Alis Worte sogleich auf, »wäre dann ja auch das universelle Gesetz von Ursache und Wirkung überflüssig und im Übrigen auch die Tatsache, dass der Mensch einen freien Willen hat. Wenn es also einen Gott geben sollte, dann lässt er uns nach Belieben schalten und walten. Oder glaubt ihr etwa, Gott habe das hier veranlasst?«

»Was ist aber mit Naturkatastrophen, die nicht vom Menschen ausgelöst wurden«, wirft Kai sogleich die Gegenfrage auf. »Wenn ich mir zum Beispiel verheerende Vulkanausbrüche, Erdbeben oder Tsunamis vor Augen halte, bei denen Tausende von Menschen ihr Leben lassen, wie ist hier das Gesetz von Ursache und Wirkung deiner Meinung nach anzuwenden?«

»Es gibt für *alles* eine Ursache, natürlich auch für Naturkatastrophen, die allesamt auf den teils erforschten, teils noch unerforschten Mechanismen der Naturgesetze basieren«, stellt Lydia fest, um sogleich die Frage anzuschließen: »Aber welche Rolle spielt hier nach eurer Auffassung Gott?«

Kai und Ali sind ratlos.

»Tja, wer kann Aufschluss geben? Wer hat die ultimative Lösung?«, fragt Kai nach einer Weile etwas resigniert.

»Der Hausmeister ...«, ertönt es sofort hinter ihm.

Lydia, Kai und Ali drehen sich abrupt um und erblicken Lutz, Jacqueline und Herrn Scholz, den Hausmeister. Lutz' Äußerung lässt die drei Kurzzeit-Philosophen aus vollem Herzen lachen. Der Frage, was denn so lustig sei, weichen sie aus, indem sie Herrn Scholz wortreich dafür danken, dass er so schnell gekommen ist. Dieser hat eine imposante Kneifzange dabei, die er sogleich zum Einsatz bringt. Nach drei Sekunden ist die Kette gesprengt, die Räder sind wieder frei.

Die fünf Schüler danken Herrn Scholz erneut für seine schnelle Hilfe. »Keine Ursache!«, entgegnet er, schnappt sich die Kette und geht. Sogleich schwingen sich Jacqueline und Lutz auf ihre Räder und machen sich mit einem schnellen »Tschüss« ebenfalls davon. Auch Lydia sitzt bereits auf ihrem Fahrrad. Erneut mustert sie Kai und Ali. Schließlich sagt sie: »Das kurze Gespräch mit euch beiden hat mir echt gut gefallen und mich inspiriert. Wollen wir es demnächst fortführen?«

»Gerne«, antworten Kai und Ali gleichzeitig.

Dann macht sich auch Lydia auf den Weg und lässt Kai und Ali zurück, die verlegen nebeneinander stehen bleiben. Unbeholfen blicken sie sich an und wissen, dass die gegenwärtige Situation eine Chance wäre, sich wieder anzunähern. Doch keiner von beiden bringt diesbezüglich ein Wort heraus. So schwingen auch sie sich auf ihre Räder und fahren nach einem eher zögerlichen »Ciao!« in getrennte Richtungen davon. Nach nur wenigen Metern drehen sich beide jedoch noch einmal um. Ihre Blicke treffen sich nur kurz, aber intensiv, und beiden ist sofort klar: Ihre Funkstille wird bald ein Ende haben.

8.

Mangelndes Gottvertrauen

Bereits zwei Tage später schlägt Lydia ein Treffen für den kommenden Samstagnachmittag vor. Kai und Ali sind sofort einverstanden, auch mit dem Treffpunkt, einem kleinen Baggersee nahe am Ortsrand. Kai und Ali erreichen an diesem Tag fast zeitgleich die verabredete Stelle. Von Lydia ist noch nichts zu sehen. Als sie beide am Seeufer sitzen, ergreift Kai die Initiative: »Ali, ich habe die letzten Tage intensiv nachgedacht. Es ist doch albern, wie wir uns verhalten. Wir sind doch Freunde, oder?«

Ali lenkt seinen Blick vom Wasser auf Kai und sagt: »Doch, sind wir. Wir haben uns halt nur ins selbe Mädel verknallt.« Er hält inne, fragt aber kurz darauf: »Wie können wir mit dieser Situation nun am besten umgehen? Wir wissen ja noch nicht einmal, ob einer von uns beiden bei Lydia 'ne echte Chance hat. Im Prinzip verhalten wir uns wie zwei sture Ochsen!«

Kai schaut Ali an, beide fangen an zu grinsen. Nach einer Weile meint Kai: »Du hast recht. Wir sollten mit der gegebenen Situation anders umgehen. Sollte Lydia weder an dir noch an mir interessiert sein, wäre unser jetziges Verhalten ohnehin völlig lächerlich. Sollte sich Lydia aber für einen von uns beiden entscheiden, dann sollte es der Unterlegene akzeptieren und dem Glücklichen keine Steine in den Weg legen. Wünschen wir uns gegenseitig einfach das Allerbeste, wie wir es auch in anderen Situationen tun würden – in einem Gebet zum Beispiel so:

›Lieber Gott, bitte lass Ali und mich, wenn die Zeit gekommen ist, eine passende Freundin finden, mit der unsere Liebe wachsen möge.‹ Das wäre auch im Gebet eine neutrale Bitte, die Gott nicht in Bedrängnis brächte, sollte er doch über Bitten entscheiden, was wir ja eigentlich so nicht mehr glauben. Diese Bitte beinhaltet reine Nächstenliebe, denn sie besagt, so, wie es in Bezug auf das Liebesglück kommt, oder auch nicht kommt, ist es absolut in Ordnung. Sollte also einer von uns beiden mit Lydia zusammenkommen, würde das der jeweils andere aus dem Blickwinkel der Nächstenliebe bedingungslos akzeptieren.«

Ali nickt und stellt fest: »Eine solch formulierte Bitte stünde auch mit dem von Lydia ins Spiel gebrachten Gesetz von Ursache und Wirkung im Einklang.«

»Wie meinst du das?«, fragt Kai.

Ali erwidert sogleich: »Nach diesem Gesetz wäre die Ursache für unser eifersüchtiges Verhalten Lydia selbst. Ihr tolles Aussehen und ihre reizvolle Art ziehen uns magisch an und bewirken, dass bei uns beiden die Gefühle verrückt spielen. Die Gefühle sind nun wieder die Ursache dafür, dass wir erkannt haben, wie wir bezüglich der Liebe eine Bitte im Gebet formulieren können, ohne im Vorfeld wertend dabei zu sein und tendenziell eine bestimmte Entscheidung herbeiführen zu wollen.«

»Das stimmt«, bestätigt Kai, »Lydia hat unser eifersüchtiges Verhalten – natürlich ungewollt – verursacht; aber sie hat es auch geschafft, dass wir nach einer kurzen Auszeit unserer Freundschaft in diese wieder zurückfinden. Ganz klar: Ursache und Wirkung.«

»Genau«, sagt Ali und holt weiter aus: »Ich bin mittlerweile der Auffassung, dass nicht nur Gott beziehungsweise Allah, sondern auch ›Ursache und Wirkung‹ sowie ›Yin und Yang‹ verschiedene Begriffe für ein und dasselbe universelle Phänomen sind. Denn das, was mit diesen Begriffen und Prinzipien gemeint ist, ist im eigentlichen Sinne immer *das Göttliche* als solches.«

»Diese Sicht der Dinge geht mir auch seit einigen Tagen durch den Kopf«, sagt Kai daraufhin. »Mittlerweile glaube ich, dass wir uns viel zu viele Gedanken machen. Vielmehr sollten wir einfach dem Geschehenlassen vertrauen. Vertrauen in das universelle, göttliche Geschehenlassen ist in unserem Leben wohl die eigentliche große Herausforderung, der wir uns zu stellen haben. Doch ein solches Vertrauen erfordert Mut, sehr viel Mut.«

»Ja, weil wir meinen, immer alles beeinflussen und steuern zu müssen«, meint Ali. »Und so verstehen wir Gläubigen in erster Linie auch das Beten, das ja von *Bitten* kommt. Mit unseren Bitten versuchen wir, bestimmte Dinge herbeizuführen und unsere persönlichen Anliegen umgesetzt zu bekommen. Aber haben wir die Bitte erst einmal ausgesprochen, vertrauen wir nicht wirklich auf Gott, sondern sind eher misstrauisch. Dieses Misstrauen drückt sich in unseren Gebeten im permanenten Wiederholen von ein und derselben Bitte aus. Letztlich schaffen wir dadurch aber immer wieder eine neue Ursache. Das verursacht wieder und wieder, dass die Wirkung hinsichtlich unserer Bitte nicht so eintreten kann und wird, wie sie bei einer ersten, nicht wiederholten Formulierung vielleicht aber doch eingetreten wäre.«

»Hinzu kommt«, ergänzt Kai, »dass wir durch mangelndes Vertrauen meist gar nicht erreichen, was wir wollen, weil durch das ständige Wiederholen unserer Bitte – hinsichtlich eines noch nicht realisierten Wunsches – der Zweifel an ihrer Erfüllung die Oberhand über das Vertrauen gewonnen hat. Das ist so, wie wenn ich ein Beet jeden Tag aufs Neue umgraben würde, dann könnte ein Samenkorn, das ich dort eingesät habe, auch nicht aufgehen und zu einer Pflanze heranwachsen. Wenn man also bewusst eine Ursache setzt, beispielsweise ein Samenkorn in ein frisch umgegrabenes Beet sät oder eine Bitte im Gebet spricht, dann muss man beides absolut vertrauensvoll reifen beziehungsweise wirken lassen. Die Stelle im Beet mit dem Samen müssen wir gegebenenfalls ab und zu gießen, sollte es nicht genügend regnen, umgraben dürfen wir sie aber nicht mehr. Übertragen auf ein Gebet, das eine Bitte enthält, bedeutet das, dass wir natürlich jederzeit an unser Anliegen denken können, es damit quasi etwas bewässern, aber *zerdenken* und damit sozusagen erneut umgraben dürfen wir unsere Bitte nicht. Wie das Samenkorn benötigt meist auch eine Bitte einiges an Zeit, bis sie reif ist und sich entfalten beziehungsweise realisieren kann.«

»Jedes kritische und hinterfragende Nachdenken, jeder kleinste Zweifel über die einmal gesetzte Ursache«, so Ali, »entzieht der auf sie beruhenden, quasi heranwachsenden künftigen Wirkung immer wieder den Nährboden. Dabei ist es so einfach: So wie die Blume bereits im Samenkorn steckt, so steckt auch die Wirkung bereits in ihrer Ursache. Ein Samenkorn muss man nur einmal pflanzen … die Ursache muss man nur einmal setzen: Die Blume des Samens – die Wirkung der Ursache – bedingen sich schließlich gegenseitig: Ohne das Eine kann das Andere nicht sein. Und bei einer Bitte und ihrer Erfüllung gilt das entsprechend.«

Hier nun müssen Kai und Ali ihre Unterhaltung unterbrechen. Lydia kommt angeradelt. Allerdings ist sie nicht alleine, ein Mädchen, das die beiden Jungen nicht kennen, begleitet sie.

»Ihr seid aber pünktlich – Kompliment«, ruft Lydia den beiden erfreut zu. Ohne dass diese hierauf etwas erwidern können, fügt sie sogleich hinzu: »Ich habe Lena mitgebracht. Sie ist meine beste Freundin und eine Seelenverwandte.«

Lena begrüßt die beiden mit einem herzlichen »Hallo«.

Beide Jungen stehen auf. »Hallo Lena, ich bin Kai, und das ist Ali«, erwidert Kai. Kai kommt es so vor, als erröte Ali etwas bei der Begrüßung von Lena. Schließlich setzen sich die vier im Halbkreis ans Ufer.

»Die beiden sind ebenfalls beste Freunde«, ergänzt Lydia mit kurzem Blick auf Lena und bringt Kai und Ali mit ihren Worten ein wenig in Verlegenheit.

»Was genau meinst du mit Seelenverwandte?«, will Kai von Lydia schnell wissen.

»Na, mit ihr kann ich mich nicht nur über allgemeine Dinge von Frau zu Frau unterhalten«, betont Lydia und lächelt dann, »sondern auch über Themen, die nicht jedem zugänglich sind, wie zum Beispiel philosophisch-spirituelle Themen. Lena ist gegenüber dieser Thematik sehr aufgeschlossen.«

»Bevor ihr gekommen seid, haben wir uns über das Gesetz von Ursache und Wirkung unterhalten und wie man diesbezüglich Gebete am besten formulieren kann«, steigt Ali sofort in die Thematik ein.

Auf die Frage von Lydia, zu welchem Ergebnis sie dabei gekommen seien, wechseln sich Kai und Ali mit dem Erzählen ab. Die beiden Mädchen verfolgen die Äußerungen der Jungs mit großem Interesse.

»Ja, die Wirkung kann ohne Ursache nicht sein, aber die Ursache kann auch nicht ohne Wirkung sein«, bestärkt Lena die beiden Jungs in ihrer Erkenntnis und bringt sich damit sogleich selbstbewusst in die Gesprächsrunde ein. »Das Eine bedingt *immer* das Andere und das Andere bedingt *immer* das Eine.«

»Doch wie sieht es nun mit Gott aus?«, will Kai von den beiden Mädchen wissen. »Ist er selbst nun Ursache oder Wirkung? Oder beides in einem? Fest steht, dass das Gesetz von Ursache und Wirkung in Bezug auf die Schöpfung die Wirkung ist auf die Ursache, dass Gott dieses Gesetz erschaffen hat.«

»Geht man von einem Erschaffer aus, von dem Großen Baumeister der Welten«, überlegt Lydia, »dann steht Gott *über* dem Gesetz von Ursache und Wirkung, denn er hat es ja erschaffen.«

»Als alleiniger Erschaffer ist er dieses Gesetz dann aber auch selbst«, fasst Ali seine Gedanken in Worte, »allerdings ohne dabei *nur* Ursache oder *nur* Wirkung zu sein. Vielmehr ist Gott selbst Ursache und Wirkung in Einem, und zwar absolut raum-, zeit- und bedingungslos. Für uns aber gibt es Raum und Zeit, daher unterliegen wir diesem universellen Gesetz, was *er* ja nicht tut. Und ohne dieses Gesetz wäre irdische Existenz nicht möglich; es ist *die* Bedingung dafür.«

»Was ist, wenn man nicht an Gott glaubt?«, fragt Lydia ernst.

»Dann«, gibt Kai zu bedenken, »ändert es nichts an der Tatsache, dass das Gesetz von Ursache und Wirkung ein universelles Phänomen ist. Und egal aus welcher Perspektive man es auch betrachtet, wir kommen nicht umhin festzuhalten, dass das Gesetz von Ursache und Wirkung selbst einen kosmischen Ursprung haben muss. Anders kann es gar nicht sein. Was soll aber dieser Ursprung, der in die Wirkung *Schöpfung* geflossen ist und immer noch fließt, anderes sein als das Höchste, das Absolute, der Urgrund, *die Schöpferkraft der kosmischen Allmacht,* oder welches andere Wort du hierfür auch immer heranziehen möchtest?!«

»Das sehe ich genauso«, pflichtet Lena Kai bei und Ali fügt hinzu: »Eine Wirkung bleibt aber nicht nur Wirkung, sie wird aufgrund der zeitlichen Komponente auch zur Ursache. Ich glaube, Schöpfung wäre ohne diesen Mechanismus, ohne einen ständigen Wandel von Ursache zur Wirkung und von Wirkung zur Ursache, gar nicht möglich.«

»Was genau meinst du damit?«, fragt Lena wissbegierig und betrachtet Ali aufmerksam.

»Ich meine das Leben selbst«, antwortet Ali erneut leicht errötend, »genauer gesagt, die Entstehung des Lebens. Ursache für die Entstehung des Lebens ist natürlich die Fortpflanzung, weiterhin die Zellteilung. Auf den Menschen bezogen sind Eltern die Ursache dafür, dass ein Kind geboren wird. Das Kind ist das Ergebnis und damit die Wirkung der Zeugung. Nun wird das Kind vielleicht selbst einmal Kinder zeugen und Elternteil werden. Dann ist es zu einem späteren Zeitpunkt ursächlich für die Entstehung neuen Lebens. Aus der vormaligen Wirkung wird eine neue Ursache und aus dieser kann sich erneut eine Wirkung entfalten. Nur so scheint Evolution funktionieren zu können.«

»Das ist das Rad des Lebens«, vollendet Lydia. »Dieser ständige Wandel offenbart uns, dass das Gesetz von Ursache und Wirkung im Universum unabänderlich existiert.«

Ali fährt fort: »Ohne dieses Gesetz gäbe es *nur* Gott und damit keinen Raum, keine Zeit, keine Ursache, keine Wirkung, kein Yin und kein Yang, es gäbe nur Göttlichkeit als solche. – Es gäbe also *nur* Bewusstsein, jedoch kein *Selbst*-Bewusstsein, kein Ich-Empfinden. Damit gäbe es absolut niemanden und nichts, der diese reine Göttlichkeit *erfahren* könnte!«

»Auch Gott könnte sich dann nicht selbst *als Gott* erfahren«, schlussfolgert Kai, »denn er hätte für *seine* Selbst-Erfahrung keinen Bezugspunkt, der für ein Erkennen und Erfahren jedoch absolut erforderlich ist. Ein Bezugspunkt, der die Verschiedenheit beziehungsweise Andersartigkeit der Dinge offenbart und dem Beobachter erst bewusst werden lässt, ist aber die *unbedingte Voraussetzung* für *seine* Selbst-Erfahrung und damit für *seine* Selbst-Erkenntnis. Ohne das Gesetz von Ursache und Wirkung – ohne den Kosmos, ohne die Schöpfung – gäbe es nichts, was miteinander in Beziehung gesetzt werden könnte. Ausschließlich mit *diesem Hilfsmittel* ist Existenz erfahrbar, auf jeden Fall für uns Menschen – und wohl auch für Gott, dem Erschaffer dieses Gesetzes. Ohne seine Schäfchen wäre der Hirte kein Hirte.«

9.

Göttliches Geschehenlassen

Wieder sind einige Wochen vergangen. Kai und Ali sind verblüfft, wie sich alles gefügt hat. Lydia hat sich tatsächlich für einen der beiden Jungs entschieden, nämlich für Kai. Aber Ali ist neben Kai momentan ebenfalls einer der glücklichsten Jungen unter der Sonne, denn seit wenigen Tagen ist er mit Lena zusammen. Die Gedanken, die sich beide zuvor über sich und Lydia gemacht haben, scheinen ihnen im Nachhinein ganz eindeutig als ein Mangel ihres Glaubens an Gott gewesen zu sein. Hätten sie von Anfang an auf das göttliche Geschehenlassen vertraut, hätten sie niemals Zweifel daran haben dürfen, dass alles schöpferisch in die richtige Bahn gelenkt wird, selbst dann, wenn einer von beiden jetzt keine Freundin gehabt hätte oder sie beide weiterhin solo gewesen wären.

Kai und Ali beten nach ihren Erfahrungen der letzten Wochen und Monate viel bewusster. Die Anliegen in ihren Gebeten bringen sie Gott stets nur ein einziges Mal vor. Und sie formulieren ihre Bitten immer so, dass dem schöpferischen Geschehenlassen kein Weg vorgegeben und die Umsetzung nicht durch Wertungen eingeengt wird. »*Hab absolutes Vertrauen in das göttliche Geschehenlassen*«, so lautet ihr Motto. Ihre Gefühlskapriolen, bezogen auf Lydia und ihre Freundschaft, sowie der glückliche Ausgang der scheinbar verfahrenen Situation sind ihnen eine große Lehre gewesen.

Das Vertrauen der beiden Freunde geht inzwischen so weit, dass sie alles, was geschieht, als schöpferisch ansehen. Das gilt insbesondere dann, wenn sich die Dinge letztlich ganz anders darstellen und entwickeln sollten, als sie sich das insgeheim gewünscht haben. Nichts im Leben sehen sie mehr als unschöpferisch an. Das hat den wunderbaren Effekt, dass sie beschwingt und losgelöst von allen Sorgen leben können, weil sie das Leben selbst als göttliches Geschehenlassen begreifen und empfinden.

Sie sind sehr darauf bedacht, ihre nur kurzzeitig ins Stocken geratene Freundschaft zu pflegen, was bedeutet, sich ab und zu auch einmal ohne ihre Freundinnen zu treffen. Diese haben großes Verständnis hierfür; aber nicht nur das, denn auch sie wurden von Kai und Ali mit der Sichtweise »infiziert«, auf das göttliche Geschehenlassen bedingungslos zu vertrauen. Lydia und Lena haben dies mittlerweile auf gleiche Weise verinnerlicht wie Kai und Ali, sodass ihre Vierer-Freundschaft eine wunderbare harmonische Einheit bildet.

Heute ist wieder einmal so ein Tag, an dem sich Kai und Ali zu einem Treffen zu zweit verabredet haben. Treffpunkt ist ihre mittlerweile so vertraute Stelle, die große, mächtige Pappel am Bolzplatz.

»Alles klar bei dir?«, fragt Ali seinen Freund, der einige Minuten nach ihm erscheint.

»Alles bestens«, antwortet Kai.

»Bei mir auch«, kommt Ali einer entsprechenden Gegenfrage von Kai zuvor.

»Ist es nicht toll, bedingungslos auf Gott zu vertrauen?«, will Kai von Ali wissen, nachdem sich die beiden über diverse allgemeine Themen ausgetauscht haben.

»Ja, das ist es«, bekräftigt Ali. »Wenn ich bedenke, wie oft ich in der Vergangenheit in meinen Gebeten Gott immer die gleichen, sich wiederholenden Wünsche vorgetragen habe, dann schäme ich mich im Nachhinein für diese Vorgehensweise, die ja im Grunde nichts anderes offenbart als mein Misstrauen ihm gegenüber.«

»Das sehe ich genauso«, äußert sich Kai. »Uns hat für ein uneingeschränktes Gottvertrauen einfach der Mut gefehlt, es bei einer einmaligen Bitte bewenden zu lassen. Wir haben das Misstrauen, das wir in vielen Fällen Menschen entgegenbringen, auf Gott übertragen und ihn in unseren Gebeten so behandelt, als sprächen wir zu einem vergesslichen oder unzuverlässigen Menschen«

Kai macht eine kurze Gedankenpause; dann fährt er fort: »Es spricht überhaupt nichts dagegen, Gott im Gebet anzurufen. Im Gegenteil, wir, die an ihn glauben, können gar nicht anders, als auf diese Weise mit Gott in Kontakt zu treten, um besonders dann das Gefühl zu haben, dass wir ihm nahe sind. … Es heißt: ›Sprechenden Menschen kann geholfen werden.‹ Betenden Menschen aber auch! Durch die Anrufung Gottes helfen sie sich selbst – dank ihres Glaubens, dass sie erhört, zumindest aber angehört werden. Beim Beten nehmen wir ganz bewusst eine Verbindung mit Gott auf. Nur dürfen wir ihn nicht so behandeln wie unseresgleichen, schließlich reden wir zu unserem Schöpfer, der uns ohnehin in- und auswendig kennt und dem wir daher niemals etwas vormachen können.«

»Das stimmt«, sagt Ali und teilt Kai sogleich seine neue Beobachtung mit: »Seitdem ich den Mut gefunden habe, Gott bedingungslos zu vertrauen, hat für mich die Bedeutung des Gebets – auch im Wissen um die Funktionsweise unseres Unterbewusstseins – noch weiter zugenommen, obgleich ich ja inzwischen davon ausgehe, dass sich Gott in mein Leben nicht einmischt. Zu Gott zu beten und zugleich die Überzeugung zu haben, dass er sich aus unserem Leben heraushält, ist nicht inkonsequent oder gar widersprüchlich, denn das Empfinden, dass er uns hört, reicht aus, um davon beseelt zu sein, dass er stets bei uns ist. – Darüber hinaus habe ich auch den Mut gefunden, den Menschen stärker zu vertrauen; nicht blind, nicht bedingungslos, aber immerhin sehr viel mehr als noch zuvor. Das Interessante ist, dass ich das Gefühl habe, dass ich das Vertrauen, das ich anderen entgegenbringe, in gleichem Maße von ihnen zurückerhalte.«

»Was ja auch wieder dem Gesetz von Ursache und Wirkung entspricht«, gibt Kai zu bedenken. »*›Wie man in den Wald ruft, so schallt es heraus‹ – ›Aktion erzeugt Reaktion‹ – ›Das Eine bedingt das Andere‹ – ›Was der Mensch sät, das wird er ernten‹*. Man könnte sicher noch viele andere Sprüche hierfür anführen. Ursache und Wirkung ist *das* Gesetz im gesamten Universum, und zwar religionsübergreifend. Das steht für mich mittlerweile völlig außer Frage.«

»Dies gilt auch für mich«, pflichtet Ali seinem Freund bei und erläutert näher: »Eine Wirkung kann niemals ohne Ursache entstehen, aber auch eine Ursache kann niemals wirkungslos bleiben, sonst wäre sie keine Ursache; und eine Wirkung wird immer auch zur Ursache für eine neue Wirkung, genauso wie eine Ursache immer auch die Wirkung einer vorangegangenen Ursache ist. Letztlich existiert eine Ursachen-Wirkungs-Kette, die eingebunden ist in ein unendliches Geflecht weiterer Ursachen-Wirkungs-Ketten. Jede Ursache ist ein Anfang und jede Wirkung ist das Ende der Ursache und der Beginn einer neuen Ursache. Da aber Alles Eins ist, sind der Anfang und das Ende, die Ursache und die Wirkung auch *Eins*. … Wir Menschen erkennen jedoch das in Wirklichkeit bestehende Einssein von Ursache und Wirkung und von Anfang und Ende nicht, weil uns Raum und Zeit vorspielen, dass alles nacheinander geschieht. Ja, nur wegen Raum und Zeit gibt es überhaupt Anfang und Ende, Ursache und Wirkung, Yin und Yang. Demnach gäbe es ohne Raum und Zeit das göttliche *Geschehenlassen* nicht, da es auch kein Universum und keine Schöpfung gäbe. – Ohne Raum und Zeit, so wissen wir längst, gäbe es … *nur* Gott.«

Kai und Ali schweigen eine Weile, um die Worte sacken zu lassen. Beiden ist bewusst, dass sich ihre Gedanken in diesem Moment völlig wertneutral in ihr Unterbewusstsein einnisten. Doch wissen sie mittlerweile auch, dass ihre zuvor geäußerten Gedanken bereits ihrem Unterbewusstsein entsprungen sind, denn auch hier läuft unter Vorspielung einer zeitlichen Komponente alles in einer bestimmten Reihenfolge ab, obgleich auch diesbezüglich Alles Eins ist. Gedanken aus dem Unterbewusstsein und Gedanken, die wieder dorthin wandern, sind *Eins* und werden nur durch Raum und Zeit auseinandergerissen und einer vermeintlichen Reihenfolge unterworfen.

»Gott, unser Schöpfer, möchte, dass wir das alles begreifen«, beendet Kai ihr Schweigen. »Wir sollen erkennen, dass Alles Eins ist, dass wir letztlich auch *Eins* mit *Ihm* sind. Und diese Erkenntnis möchte er wiederum durch uns erfahren. Er bedient sich der Schöpfung, und insbesondere uns als Menschen, damit er selbst die Gegensätzlichkeit innerhalb seiner Schöpfung ›hautnah‹ *miterleben* kann. Wir sind sozusagen seine *Erlebniswelt*, damit ein Erkennen und Erfahren als solches überhaupt erst geschehen kann.«

»In diesem Zusammenhang«, ergänzt Ali, »fällt mir die Frage von Herrn Bergmann wieder ein, ob wir über das Wochenende zur Erleuchtung gelangt sind. Doch Erleuchtung ist nichts anderes als das bloße Erkennen, dass Gott sich – aufgrund von *Alles ist Eins* – selbst erfährt, und zwar durch uns, seine Ebenbilder.«

»Unser Erdendasein ist also Bedingung für Erleuchtung«, kombiniert Kai. »Ohne das Eine …«

»… kann das Andere nicht sein«, vollendet Ali und führt weiter aus: »Wenn Erleuchtung aber nur geschehen kann, weil es uns gibt, wäre damit auch erklärt, warum es uns Menschen in körperlicher Gestalt gibt.«

»Lass hören!«, fordert Kai seinen Freund umgehend auf.

»Der Mensch kann nur in der Gegensätzlichkeit, in Raum und Zeit, eingebunden im Gesetz von Ursache und Wirkung existieren. Und das geht in einer Welt der Materie und der Formen auf Erden nur mithilfe eines menschlichen Körpers, der alles für unseren Geist, für unser *Ich*- beziehungsweise *Selbst*-Bewusstsein, erlebbar, erfahrbar macht. Der Körper ist des Menschen Hilfsmittel – sein göttliches Los – im Universum verweilen zu dürfen, um Geistigkeit erleben zu können und Erleuchtung zu ermöglichen. Das macht das Menschenleben so unendlich kostbar«, erläutert Ali seinem Freund.

»Doch nicht jeder Mensch gelangt zu Lebzeiten zur Erleuchtung«, gibt Kai zu bedenken, »das geschieht vermutlich nur bei ganz wenigen Menschen, wie zum Beispiel bei Jesus.«

»… und bei Mohammed und Buddha«, ergänzt Ali sogleich.

»Vielleicht werden alle Menschen«, meint Kai weiter, »die nicht zu Lebzeiten Erleuchtung erlangt haben, im Zeitpunkt ihres Todes erleuchtet; also mit dem Abstreifen ihrer körperlichen Hülle. Vielleicht ist das ja das eigentliche Geheimnis der Körperlichkeit und der Erleuchtung: unser Aufgeben der Gegensätzlichkeit, das Verschmelzen von Ursache und Wirkung, Anfang und Ende, Raum und Zeit, das Einswerden mit Allem – *unser* Einswerden mit Gott.«

»Wenn das so wäre, müssten auch Erleuchtung und Erlösung eins sein«, vermutet Ali.

»Da ja Alles Eins ist«, äußert Kai mit Nachdruck, »ist das mit Sicherheit so. Denn nichts ist nicht mit allem eins. Das muss die Konsequenz aus alldem sein, was wir insgesamt besprochen haben.«

In diesem Augenblick landet ein Marienkäfer auf der rechten Schulter von Kai. Doch kaum nach der Landung fliegt er auch schon weiter auf das linke Knie von Ali. Schweigend beobachten die beiden Jungen den kleinen Glücksbringer, Augenblick für Augenblick, im Fluss des göttlichen Geschehenlassens.

10.

Göttlicher Ausgleich im Kreislauf der Wiedergeburten

»Hinzu kommt Folgendes«, meint Kai, nachdem er den mittlerweile wieder aufgenommenen Flug des Marienkäfers aufmerksam verfolgt hat, bis dieser in der weitläufigen Baumkrone der Pappel verschwunden ist. »Aus dem Gesetz von Ursache und Wirkung ergibt sich zwangsläufig, dass das ganze Universum nach Ausgleich strebt; alles *geschieht* so lange, bis es ausgeglichen ist.«

»Eine Wirkung führt zum Ausgleich der ihr zugehörigen Ursache, und jede Ursache findet in der entsprechenden Wirkung ihren Ausgleich, wobei diese nun wiederum zur Ursache wird«, vervollständigt Ali.

»Genau«, bekräftigt Kai und führt weiter aus, »ohne den Ausgleich sämtlicher Dinge gäbe es auf Erden keine Schöpfung, denn ohne den jeweiligen Ausgleich gäbe es keinen Anfang für etwas Neues.«

»Und der Tod ist der Ausgleich für das Leben«, bemerkt Ali.

»Aber das Leben ist auch der Ausgleich für den Tod«, ergänzt Kai daraufhin sehr nachdenklich.

»Das würde aber doch bedeuten«, so Ali nach einer kurzen Pause, »dass unser irdisches Leben bedingt wäre durch einen zwangsläufig vorangegangenen Tod, was wiederum für die Wiedergeburt der menschlichen Seele spräche.«

»Ja, du hast recht«, stimmt Kai zu, »das würde ebenso bedeuten, dass jeder von uns – oder genauer gesagt unsere

Seele – nach seinem irdischen Tod wieder in eine neue körperliche Hülle eintaucht. Dieser ständige Kreislauf ist wahrscheinlich so lange unsere Bestimmung, bis ihn unsere Seele durch Erlösung endgültig zu durchbrechen in der Lage ist.«

»Wie wir ja von Herrn Bergmann wissen, war das für Buddha und andere chinesische Religionsstifter bereits Gewissheit«, sagt Ali, »und die Anhänger dieser Religionen richten ihren Glauben hiernach aus. Unsere Religionen, also das Christentum und der Islam, äußern sich zur Wiedergeburt hingegen nicht ausdrücklich. Doch wie könnte es diesbezüglich auch anders sein, wenn alles Gegensätzliche nach Ausgleich strebt?!«

»Vielleicht sagen unsere Religionen nicht so offen, dass es Wiedergeburten gibt, weil wir, die wir an Gott glauben, in unserem Glauben noch nicht so weit und gefestigt sind und noch zu sehr von unserem Misstrauen *ihm* gegenüber beherrscht werden«, gibt Kai zu bedenken. »Wir haben es ja selbst an uns beiden gesehen!«

»Oder«, meint Ali, »wir *wollen* einfach noch nicht so weit sein. Nach Herrn Bergmann unterscheiden wir Gläubige der monotheistischen Religionen uns von den Gläubigen der chinesischen Religionen und des Hinduismus ja ganz wesentlich dadurch, dass wir meinen, alles immer selbst in die Hand nehmen zu müssen. Wir *wollen* alles beeinflussen; im Gegensatz dazu meinen die Gläubigen der östlichen Religionen, insbesondere die Anhänger des Daoismus, nicht alles beeinflussen zu müssen. Sie leben nach dem Prinzip des Nichteingreifens, was aber nicht bedeutet, dass sie völlig untätig sind. Sie tun nur das Nötigste, damit der freie Lauf des universellen Geschehens weiterhin gewährleistet bleibt. Wir hingegen meinen, alles auf ein von uns selbst bestimmtes Ziel hinsteuern zu müssen; und das ist das Resultat der Tatsache, dass wir dem Höchsten, dem Absoluten, also Gott, nicht bedingungslos vertrauen. Auch hier schließt sich wieder der Kreis zu dem von uns festgestellten mangelnden Gottvertrauen. Die Gläubigen der anderen großen Religionen, die demgemäß nicht an einen Gott nach unserer Vorstellung glauben, sondern eher an ein universelles Prinzip, haben dieses Vertrauen in das Höchste, das Absolute bereits innerlich gefestigt. Sie vertrauen dieser Urkraft bedingungslos. Und genau dieser Umstand, also die absolute Bedingungslosigkeit im Vertrauen auf die kosmische Urkraft, ausgedrückt im bloßen Fließenlassen des Lebens durch *Nichteingreifen*, macht die spirituelle Stärke ihres Glaubens aus.«

»Das Fließenlassen des Lebens«, so Kai nun wieder, »speist sich offenbar durch die Kraft des Strebens nach kosmischem Ausgleich. Ich meine mit Leben nicht nur das gegenwärtige irdische Leben, sondern auch die Leben, die wir höchstwahrscheinlich bereits im Laufe der Wiedergeburten gelebt haben, aber auch die Leben, die wir vermutlich noch in Zukunft leben werden. Der ständige Wechsel von Leben und Tod bzw. Tod und Leben findet also so lange kein wirkliches Ende, solange Ungleichheiten, Gegensätzlichkeiten und Verschiedenheiten im Universum, oder zumindest bei uns auf der Erde und auch bei jedem Einzelnen, nach wie vor bestehen und nicht ausgeglichen sind. … Bis also nicht alles Leben aufgrund einer letzten Ursache und einer letzten Wirkung, die zu einem letzten

Ausgleich geführt haben, mit Gott vereint ist, sind wir, genauer gesagt unsere Seelen, im Kreislauf der Wiedergeburten höchstwahrscheinlich eingebunden.«

»Dieser Kreislauf *muss endlich* sein, denn er ist die Ursache für das Einswerden mit Gott als die endgültige letzte Wirkung; er löst sich auf mit der Rückführung unserer Seelen zur ersten Ursache«, kombiniert Ali. Und nach einer kurzen Pause fügt er nachdenklich hinzu: »Ob dieses Einswerden mit Gott aber dann nicht doch erneut eine *neue* Ursache ist, für zum Beispiel einen gegebenenfalls neuen Kreislauf von Wiedergeburten – vielleicht in einem anderen Universum auf einer anderen Bewusstseinsebene –, bleibt abzuwarten. Vielleicht werden wir dann körperlos erleuchtet ausschließlich in geistigen Jenseitswelten leben, in denen die Ungleichheiten, Gegensätzlichkeiten und Verschiedenheiten zwar nach wie vor existieren, jedoch nur noch in einer abgeschwächten Form, unter Umständen in einer vom Ego befreiten Seinssphäre.«

»Das läge für viele Menschen sicher schon sehr nahe an unserer Vorstellung vom Paradies«, hält Kai fest.

»Das Paradies«, meint Ali, »ist wohl der raum- und zeitlose Ort der Seligkeit, der vollkommenen Ausgeglichenheit und Harmonie, des himmlischen Friedens im ›Alles ist Eins‹. Hier gibt es mangels des menschlichen Egos vermutlich keinerlei Spuren mehr einer *gefühlten* Ungleichheit, Gegensätzlichkeit und Verschiedenheit, sondern ausschließlich göttliche Geborgenheit, bedingungslose Liebe.«

»Der Sinn und Zweck des Seins«, ist Kai der Ansicht, »ist demnach der ständige Wandel, bis nichts mehr gewandelt werden kann, aber auch nichts mehr gewandelt werden muss. Diesen Zustand, den *wir* mit Paradies und andere Religionen zum Beispiel mit Nirwana oder Brahman umschreiben, ersehnen wir uns als egobehaftete Wesen auf Erden in unserem Innersten seit jeher. Und unsere Seelen, die nicht vom Ego beherrscht sind, scheinen diesen paradiesischen Zustand bereits zu kennen. Denn ohne ein Wissen um das Paradies könnte es auch keinen Glauben daran geben. Wissen und Glauben, Glauben und Wissen sind logiescherweise ebenfalls eins.«

»Ja, weil es ohne das Eine das Andere nicht geben kann, wie wir längst wissen«, beschließt Ali seinen Gedankenaustausch mit Kai. »Ohne die gegenwärtig von uns erlebte irdische Unausgeglichenheit gäbe es die kosmische Ausgeglichenheit nicht. Ohne unser unerleuchtetes Sein gäbe es auch das Paradies nicht. Den Kreislauf der Wiedergeburten kann es daher auch nur deshalb geben, weil es auch den ewigen Frieden, den letzten paradiesischen Zustand gibt. Und letztlich kann es auch Gott nur deswegen geben, weil es im Rahmen seiner Schöpfung die Gegensätzlichkeit, die Unausgeglichenheit und die Unvollkommenheit gibt … und natürlich uns Menschen als höchste irdische Geschöpfe.«

11.

Die Quintessenz

Seit diesem für Kai und Ali so denkwürdigen Treffen sind einige Tage vergangen; sie schweben geistig in anderen Sphären. Ihnen ist bewusst, dass ihr Wissen über das göttliche, das kosmische Sein ein Wissen ist, über das nicht viele Menschen, erst recht keine in ihrem Alter, verfügen. Lydia und Lena haben sie in ihr gesamtes Wissen mit einbezogen. Die beiden Jungs sind sehr froh darüber, dass ein inspirierender Austausch über dieses Thema mit ihnen möglich ist.

Über den Fußball, ihrer gemeinsamen sportlichen Leidenschaft, sind sie letztlich in philosophisch-spirituelle Tiefen eingetaucht. Ihr Unterbewusstsein brodelt aber nach wie vor und lässt Gedanken in ihr Bewusstsein emporsteigen, sodass sie ihren Dialog über Gott weiter aufrechterhalten. Dabei sind sie auf eine weitere Frage gestoßen, die einem erneuten Treffen Vorschub geleistet hat. Und so sitzen sie einmal wieder an ihrer vertrauten Stelle am Bolzplatz unterhalb der großen Pappel.

Ali leitet ihre Zusammenkunft mit der Frage ein: »Wie gehen wir jetzt mit unserem neuen Wissen um?«

»Genau diese Frage beschäftigt mich seit unserem letzten Treffen ebenfalls«, gibt Kai seinem Freund zu verstehen. »Was fangen wir also mit unserer neuen Sichtweise an, damit wir unser Leben entsprechend gestalten, genauer gesagt, *bewusst* geschehen lassen können?«

»Das Schöne an unserem Wissen ist ja«, merkt Ali an,

»dass wir nunmehr absolut sicher davon ausgehen können, dass wir eine Antwort auf unsere Frage erhalten, denn ...«

»... ohne das Eine kann das Andere nicht sein«, vervollständigt Kai. »Ohne Frage gäbe es die passende Antwort nicht, und ohne die passende Antwort würde die dazugehörende Frage nicht existieren. Das Gesetz von Ursache und Wirkung offenbart uns die Frage als Ursache und die Antwort als Wirkung.«

»Und da Alles Eins ist«, ergänzt Ali, »sind eine Frage und ihre Antwort beziehungsweise eine Antwort und die dazugehörige Frage ebenfalls eins. Nur die Zeit gaukelt uns wieder einmal vor, dass eine Antwort auf unsere Frage erst noch gefunden werden müsste. Die Zeit entzerrt das Einssein, in diesem Fall das Einssein von Frage und Antwort. Sie täuscht uns auch hier eine Reihenfolge vor, sodass wir meinen, die Frage existiere stets vor der Antwort, die erst noch gefunden werden müsse.«

»Frage und Antwort sind aber, wie alles andere auch, eins«, hält Kai noch einmal fest. »Lassen wir die *bereits existierende* Antwort auf unsere Frage doch einfach geschehen. Lassen wir das Gottvertrauen in uns uneingeschränkt wirken und die Antwort herzlich willkommen heißen.«

»Dazu müssen wir nur unsere Ungeduld ins Nichts verbannen«, schlägt Ali vor, »denn die Ungeduld beflügelt die Zeit, sie gibt ihr Energie und bewirkt durch unser Unterbewusstsein, dass die Antwort auf unsere Frage etwas länger auf sich warten lässt. Das ist zwar nicht schlimm, aber wenn wir unser Wissen über die Zeit schöpferisch nutzen wollen, dann besteht die Möglichkeit, die Antwort schneller zu erhalten.«

Die beiden Jungen schweigen. Sie versuchen, ohne beeinflussende Gedanken empfangsbereit für die aus dem vermeintlichen Nichts auftauchende Antwort auf ihre Frage zu sein. Mit Erfolg, denn schon bald steigen sie wieder mit neuen Überlegungen in ihren Dialog ein.

Kai macht den Anfang: »Da Alles Eins ist und im ›Alles ist Eins‹ *alles* aufgrund des Gesetzes von Ursache und Wirkung ständig der Wandlung unterworfen ist – weil nur so Schöpfung sein kann –, können wir *niemals nicht* sein. Wenn wir also sterben, wird aus uns nicht nichts, sondern es wandelt sich lediglich unser irdisches in ein überirdisches Dasein. Allein unsere Daseins-Form wandelt sich, nichts anderes geschieht im Reich der Wandlung im ›Alles ist Eins‹. Und die Wandlung wiederholt sich im Kreislauf der Wiedergeburten so lange, bis *Alles* einen Ausgleich erfahren hat und ohne jeglichen Gegensatz, aufgrund der uns von der Zeit vorgegaukelten Reihenfolge, wieder *Eins* geworden *ist*. Die Schöpfung mündet folglich *mit der Zeit* raum- und zeitlos in das vollkommene Sein, in Gott, sobald der Kreislauf der Wiedergeburten von unseren Seelen durchbrochen wurde.«

»Mit dieser Erkenntnis«, so Ali, »ist es uns möglich, alles aus der Perspektive des Göttlichen zu betrachten, denn wir sind nichts anderes, als ein ungetrennter Teil des Göttlich-Einen. Wir sind nicht außerhalb von Gott, sondern im Rahmen seiner Schöpfung sein gespiegeltes Abbild. Damit sind wir selbst göttliche Ursache und göttliche

Wirkung in *Einem*. Wir müssen uns nur bewusst machen, dass wir Menschen zum universellen Ausgleich selbst beitragen, ja, dass wir ein Teil dieses Ausgleichs längst *sind*, denn unser Wirken auf Erden beeinflusst den Vorgang des universellen Ausgleichs maßgeblich. Je besser und ehrenwerter unsere Taten demnach nicht nur für uns selbst, sondern auch für unsere Mitmenschen beziehungsweise für die Allgemeinheit sind, desto eher werden schlechte und falsche Taten einen Ausgleich erfahren. Nur so kann der Weg hin zum Paradies beschritten werden; nur so kann kosmische Harmonie und damit göttliches Einssein wieder hergestellt werden. Und das Gute daran ist, wir können gar nicht anders, als in dieses göttliche Einssein eingebunden zu sein – eben weil Alles Eins ist.«

»Wir müssen durch unsere möglichst guten und ehrenhaften Taten – Lydia hätte bei unserer jetzigen Unterhaltung sicher schon längst auf den Begriff *Karma* verwiesen – einfach alles nur geschehen lassen«, merkt Kai weiter an. »Wir müssen begreifen, dass die Ursachen, die wir durch unsere Taten setzen, *entsprechende* Wirkungen auslösen und dies alles in seiner Gesamtheit ein wichtiger Beitrag für den universellen, göttlichen Ausgleich ist.«

»Alles, was wir in unserem Leben initiieren«, meint Ali daraufhin, »hat letztlich immer unmittelbaren oder zumindest mittelbaren Einfluss auf unseren Weg zum göttlichen Einssein und damit immer auch auf *uns selbst*. Daher sollten wir uns ganz genau überlegen, was wir tun oder unterlassen zu tun, was wir reden und was wir denken. Das gilt insbesondere für unsere Anrufungen Gottes, also was für einen Inhalt und was für eine Wortwahl unsere Gebete haben, denn alles nistet sich unumgänglich auch direkt in unser Unterbewusstsein ein und beeinflusst die spätere Umsetzung.«

»Was wir anderen antun«, so Kai wieder, »tun wir uns letztlich selbst an, denn Alles ist Eins; und was andere uns antun, tun sie sich daher immer auch selbst an. Für das, was wir sagen und denken, gilt das entsprechend; alles, was wir also verbal oder gedanklich von uns geben, kommt irgendwann, unverändert oder in abgewandelter Form, zu uns zurück. Daher ist es so wichtig, ›Alles ist Eins‹ zu verinnerlichen, ›Alles ist Eins‹ zu leben, ›Alles ist Eins‹ zu *sein,* und nicht nur darüber zu reden.«

»Letztlich ist es doch ganz leicht«, stellt Ali zufrieden fest, »verinnerlichen wir als Gläubige uns doch einfach das, was Jesus und Mohammed zur Nächstenliebe und Barmherzigkeit gesagt haben, und leben danach, dann sind wir auf dem richtigen Weg hin zum Paradies.«

»Ja, es scheint tatsächlich so einfach zu sein«, folgert auch Kai. »Die Worte von Jesus und Mohammed – im Hinblick auf ›*Alles ist Eins*‹ und das Gesetz von Ursache und Wirkung – sind *der* Leitfaden für uns Menschen, den göttlichen Ausgleich durch unser Wirken irgendwann erreichen zu können.«

»Was ist also die Quintessenz aus unseren Gedanken der letzten Wochen und Monate über Gott?«, fragt Kai nach einer kurzen Unterbrechung.

Ali fasst zusammen: »Es gilt von uns im Wesentlichen drei Regeln zu beherzigen. – Erstens: Es gibt nur den *einen* Gott, der *religionsübergreifend* auch als das Höchste, das

Absolute, die Urkraft, das Vollkommene angesehen werden kann. – Zweitens: Auf Gott *bedingungslos* zu vertrauen, ist für uns Menschen der einzige Weg auf Erden, der Schöpfung auch nur ansatzweise gerecht zu werden. – Und Drittens: Die Beachtung des Gesetzes von Ursache und Wirkung – *in allem, was wir tun, reden und denken* – vor dem Hintergrund, dass ´Alles Eins ist´, ist die Gewähr dafür, den göttlichen Ausgleich Schritt für Schritt hin zur kosmischen Harmonie, zum ersehnten Paradies – Nirwana oder Brahman – mit herbeiführen zu können.«

»Ja, das sind die drei entscheidenden Weisheiten, die wir zu beachten haben«, bekräftigt Kai. »Und wenn wir zu Gott beten, dann sollten wir uns diese drei Weisheiten stets vor Augen halten. Wenn wir Gott um etwas bitten, dann macht es einfach keinen Sinn, ihn als Schöpfer nur unserer *eigenen* Religion anzusehen und ihn letztlich mangels Gottvertrauens mehrmals um dieselbe Sache zu bitten und außer Acht zu lassen, dass in der göttlichen Wirklichkeit ohnehin *Alles Eins ist.* Ignorieren wir das aber alles, so wächst unsere *Unwissenheit* über das Gesetz von Ursache und Wirkung und das göttlich-universelle Geschehenlassen. Dann würden wir auch zur Stärkung der universellen Unausgeglichenheit, zur geistigen Unreife der Menschheit und zu ihrer gefühlten Trennung mit allem beitragen und auf den göttlichen Ausgleich kontraproduktiv wirken.«

»Wie sollten wir also nun zum Beispiel für die Gesundheit eines uns am Herzen liegenden Menschen bitten?«, fragt Ali seinen Freund.

»Ganz einfach«, erwidert Kai, »hier können wir Gott – in einem *einzigen* Gebet – geradeheraus bitten, diesem

Menschen in jedem Augenblick *beizustehen*, ohne eine weitergehende Bedingung zu formulieren. Sollte nun dieser Mensch nicht mehr gesund werden, so müssen wir auch in dieser Situation großes Vertrauen zu Gott haben und seinen Willen akzeptieren, selbst wenn dieser Mensch aufgrund seiner Krankheit sterben sollte. Durch das bedingungslose Akzeptieren des göttlichen Geschehenlassens offenbaren wir, dass unser Gottvertrauen gereift ist. – In jedem Fall aber können wir durch unsere einmalige Bitte darauf vertrauen, dass Gott uns angehört hat, auch wenn es anders kommen sollte, als wir uns das gewünscht haben. Da wir aber wissen, dass letztlich alles zur kosmischen Harmonie strebt, wäre auch die Nicht-Genesung dieses Menschen ein Beitrag zum göttlichen Ausgleich. ›Alles ist Eins‹ würde in unserem Beispiel bedeuten, dass die Nicht-Genesung dieses Menschen im völligen Einklang mit der göttlichen Vollkommenheit stünde. Denn es kommt ohnehin so, wie es das göttliche Geschehenlassen seit jeher geschehen lässt ...«

12.

… einfach nur *göttlich*!

Kai und Ali unterhielten sich nach ihrem Dialog über Gott nie mehr über ihn. Denn das war nicht mehr notwendig, es war alles gesagt. Vielmehr versuchten sie, jeden Tag nach ihren neuen Erkenntnissen zu leben.

Gott war nicht mehr außerhalb von ihnen; sie betrachteten sich ohne jeglichen Zweifel als von ihm in Wirklichkeit ungetrennt. Darüber hinaus hatten sie das Gefühl, in allem, was sie taten, sprachen und dachten, mit dem Gesetz von Ursache und Wirkung zu verschmelzen.

Und *alles* war gut, so wie es war, denn alles diente dem göttlichen Ausgleich. Sie, Kai und Ali, und alle Menschen auf dieser Welt durften sich im ›Alles ist Eins‹ somit *auch* in diesem gegenwärtigen Leben – im derzeitigen Stadium des Kreislaufs der Wiedergeburten – dem *Großen Ganzen* mehr als nur zugehörig fühlen, denn: Sie konnten letztlich gar nichts anderes als selbst *›Alles ist Eins‹* zu sein!

Vor diesem Hintergrund waren sich Kai und Ali auch der wundervollen Liebe zu ihren Freundinnen gewahr. Tief in ihrem Innersten kannten sie die Antwort auf die Frage: Was unterscheidet diese Liebe von einem Staubkorn?

Nichts!

Absolut nichts!

Denn alles – wirklich alles – ist einfach nur göttlich. Gott ist bedingungslose Liebe. Und jedes Staubkorn ist göttlich. Ist der Mensch nun weniger als ein Staubkorn?!

Und fortan lebten die beiden nach dem Glauben, der für sie gleichermaßen Gewissheit war:

Es gibt nur den *Einen* Gott;
und jeder Mensch ist *Eins* in Ihm –
wie alles andere auch.

*

* * *

Weitere Bücher des Verfassers
sowie einige Buchempfehlungen
finden Sie auf den folgenden Seiten:

Weitere Bücher des Verfassers

Peter Loibl

DER KLINGELTON GOTTES

Novelle einer Erkenntnisreise

ISBN 978-3-7699-0622-6

Viele Menschen reden über Gott. Nicht wenige suchen ihn. Vereinzelte von ihnen widmen Gott sogar ihr Leben. August, ein junger und mitten im Leben stehender Anwalt, gehört zu einer eigenen Kategorie. Er hat ungewollten, direkten Kontakt zu Gott, über sein Handy – mit einem eigenen Klingelton. Doch warum meldet sich Gott auf diesem so ungewöhnlichen Weg ausgerechnet bei ihm?
Die Antwort darauf versetzt nicht nur August in Erstaunen, sondern zieht auch den Leser in ihren Bann. Denn das Geheimnis darüber, wer wir sind, worum es im Leben geht und was Gott mit allem zu tun hat, wird unmissverständlich gelüftet!
Spiritueller und gegenwärtiger geht es nicht; Verborgenes war gestern! Eine Erzählung, die unter die Haut geht.

Weitere Bücher des Verfassers

Peter Loibl

DER *letzte*
RELIGIONSSTIFTER

Novelle einer Einweihung

ISBN 978-3-7699-0638-7

Auf sonderbare Art und Weise wird ein junger Buchhändler – ein bekennender Atheist – mit den sieben Weltreligionen konfrontiert. Die Lehren der Meister verinnerlicht er im Laufe der Zeit derart, dass er nicht nur die Existenz Gottes beweist, sondern auch eine »eigene Religion« gründet.
Diese ist tiefgreifend, freiheitlich, universell und vor allem modern. Ihr philosophisch-spiritueller Ansatz beflügelt die Inspiration und lässt sich problemlos in den familiären und beruflichen Alltag eines aufgeschlossenen Menschen einfügen.
Eine mitreißende Erzählung von zeitgemäßer Weisheit.

DREI EICHEN VERLAG

»Erkenntnisreisen« seit 1931
www.drei-eichen.de

Buchempfehlungen des Verfassers

Henry Borel

WÚ WÉI

Lao-Tse als Wegweiser

Novelle über Dao, Kunst und Liebe

ISBN 978-3-7699-0602-8

»Wú Wéi«, ein Begriff des Daoismus, wird definiert als *»Nichthandeln«* im Sinne einer *Enthaltung* des *»gegen die Natur gerichteten »Handelns*. Es ist ein Zustand der inneren Stille, der zur rechten Zeit die richtige Handlung, ohne Anstrengung des Willens, hervortreten lässt.

Henry Borel hat hier die daoistische Lehre des Lao-Tse in eine anrührende Novelle über die Begegnung eines Europäers mit einem daoistischen Meister gekleidet. Dieser vermittelt ihm die Essenz des »Dao« in einer dem Westen sehr zugewandten Weise.

Weitere Buchempfehlungen

(Verfasser/Herausgeber aller Werke auf dieser Seite ist ***K. O. Schmidt****)*

Alles Lebendige kehrt wieder – Das Rad von Tod und Wiederkehr;
ISBN 978-3-7699-0586-1 • 264 Seiten, Softcover;

Das Thomas-Evangelium – Geheime Herren-Worte frühchristlicher Handschriften;
ISBN 978-3-7699-642-4 • 240 Seiten, Softcover;

Das Buch vom Heiligen Gral – Der Dreistufenweg zum Gral;
ISBN 978-3-7699-0603-5 • 80 Seiten, Softcover;

Der kosmische Weg der Menschheit im Wassermann-Zeitalter;
ISBN 978-3-7699-0496-3 • 120 Seiten, Softcover;

Die Goldene Regel – Das Gesetz der Fülle;
ISBN 978-3-7699-0594-6 • 96 Seiten, Softcover;

Die Religion der Bergpredigt – als Grundlage rechten Lebens;
ISBN 978-3-7699-0616-5 • 208 Seiten, Softcover

In Dir ist das Licht – Leben und Lehren von 49 Erleuchteten und Eingeweihten;
ISBN 978-3-7699-0457-4 • 400 Seiten, Hardcover;

Kraft durch Atmen – Einführung in die Praxis bewussten Atems;
ISBN 978-3-7699-0630-1 • 120 Seiten, Softcover;

Lebe bewusst – Die Lehre vom Tao • von Tschuang-Tse – erläutert von K. O. Schmidt;
ISBN 978-3-7699-0625-7 • 96 Seiten, Softcover

SENECA – der Lebensmeister – Ein Intensivkurs weiser Lebenskunst
ISBN 978-3-7699-0609-7 • 120 Seiten, Softcover